DR. ROBERT MOYNIHAN

QUE BRILLE LA LUZ DE DIOS

EL DR. ROBERT MOYNIHAN es fundador y editor de la revista *Inside the Vatican* (Dentro del Vaticano), una publicación mensual sobre la Iglesia y los asuntos internacionales vistos desde Roma. Se le considera como uno de los analistas del Vaticano más importantes del mundo, y ha entrevistado al Papa Benedicto XVI en más de veinte ocasiones. Recibió su título de Doctor en Filosofía en estudios medievales de la Universidad de Yale y divide su tiempo entre Roma y Annapolis, Maryland. Está casado y tiene dos hijos, Christopher, de quince años, y Luke, de doce; ambos son excelentes jugadores de fútbol.

CHRISTINA BADDE, quien colaboró en este libro, es una periodista alemana en Roma que habla tres idiomas y cubre los asuntos del Vaticano para numerosas publicaciones de todo el mundo.

QUE BRILLE LA LUZ DE DIOS

QUE BRILLE LA LUZ DE DIOS

La visión espiritual del
PAPA BENEDICTO XVI

EDICIÓN E INTRODUCCIÓN DE
ROBERT MOYNIHAN

VINTAGE ESPAÑOL
Una división de Random House, Inc.
Nueva York

Para mis padres

RUTH Y WILLIAM T. MOYNIHAN

ÍNDICE

EL PEREGRINO CRISTIANO

TERCERA PARTE: El pontificado de Benedicto XVI
179

QUE BRILLE LA LUZ DE DIOS

Primera Parte

EL HOMBRE Y SU VIDA

Robert Moynihan

«Se supone que somos la luz del mundo, y eso significa que debemos permitir que el Señor se manifieste a través de nosotros. No deseamos ser vistos, sino que se vea al Señor a través de nosotros. A mi entender, ese es el verdadero mensaje del Evangelio cuando nos dice: "actuad de tal forma que quiénes os vean, vean la obra de Dios y alaben a Dios". No se trata, pues, de que la gente vea a los cristianos, sino "por medio de vosotros, a Dios." Por lo tanto, la persona no debe aparecer, sino permitir que Dios sea visto a través de su persona».

—*Papa Benedicto XVI,*
conversación con Robert Moynihan, 23 de febrero de 1993

«*La presencia de Dios*»

El 19 de abril, en Roma, los cardenales de la Iglesia Católica eligieron al Papa Benedicto XVI, de setenta y ocho años de edad, para que se convirtiera en el 265° heredero del apóstol Pedro, en obispo de Roma y en líder de la Iglesia universal. El mundo quedó completamente atónito. ¿Por qué? En buena parte porque sorprendió que un grupo de cardenales entre el que se incluían representantes de países como Argentina, Nigeria e India no escogiera a un cardenal más joven y «progresista» del Tercer Mundo para que «reformara» y «modernizara» las doctrinas cristianas tradicionales e hiciera énfasis en los temas de justicia social. En vez de ello, eligieron a un anciano cardenal alemán, Joseph Ratzinger, quien, durante el cuarto de siglo anterior, como director de la principal institución doctrinal del Vaticano (la Congregación para la Doctrina de la Fe), se había labrado la reputación de ser un defensor de las enseñanzas tradicionales de la Iglesia y había insistido en que «adorar de forma correcta» a Dios era prioritario en cualquier intento de construir una sociedad humana justa.

¿Cómo pudo pasar esto? ¿Por qué sucedió? ¿Qué significado tiene?

Durante los últimos treinta años no sólo los cardenales que escogieron a Ratzinger sino muchos católicos y otros hombres y mujeres de buena voluntad en todo el mundo han coincidido con Benedicto en que la mayor «crisis» a la que se enfrentan la Iglesia y el mundo es «la ausencia de Dios»: una cultura y un modo de vida sin ninguna dimensión trascendente, desprovista de toda orientación hacia la eternidad, lo sagrado o lo divino. Y que la «solución» a esa «crisis» se puede expresar fácilmente en una frase: el mundo necesita «la presencia de Dios».

Benedicto defiende desde hace tiempo que la «ausencia de Dios» en el mundo moderno, la «secularización» de la sociedad moderna «globalizada», ha creado una sociedad en que la persona carece de protección segura contra las depredaciones del poder y, lo que es peor, carece también de una comprensión clara del significado y el fin último de su vida.

Y, sin embargo, este llamamiento a reorientar la cultura humana hacia Dios nunca ha conllevado el abandono de la búsqueda de la justicia social. Muy al contrario, siempre ha sido un desafío situar esa búsqueda dentro del contexto cristiano del arrepentimiento y de la fe en el Evangelio.

El énfasis de Benedicto en la «prioridad» de conocer y amar a Dios antes que cualquier otra cosa fue considerado por una gran mayoría del colegio cardenalicio como el adecuado.

A Benedicto lo escogieron los cardenales que eran sus colegas, muchos de ellos procedentes de países muy pobres, porque estaban de acuerdo con él en que se necesitaba un Papa que predicara que Dios era lo primero y que, al hacerlo, pusiera los únicos cimientos seguros sobre los que edificar una sociedad justa.

Para comprender la visión del Papa Benedicto XVI no empezaremos examinando sus muchas obras teológicas, elaboradas durante los últimos cincuenta años, sino escuchándole contarnos sus propios comienzos en la vida. Sus palabras, extraídas de varias entrevistas que concedió entre 1993 y 1995 y también de su autobiografía (publicada en 1997 como *Mi vida: recuerdos 1927–1977*), revelan un hombre que contempla el mundo y la vida cotidiana con una sensación de maravilla, como si todas las cosas estuvieran llenas de pistas o «rastros» de Dios.

Desde luego, este es en definitiva el gran mensaje de Benedicto: que el mundo es un sacramento, un «signo externo» de la «realidad interior» del amor de Dios, y que el hombre sólo será feliz cuando reconozca la primacía de Dios en su propia vida y en el mundo entero.

La convicción de Benedicto de que la creación es jubilosa en la medida en que está orientada hacia Dios comenzó durante su juventud en Baviera, dónde el catolicismo impregnaba todos los aspectos de la vida cotidiana. La fuente de esta convicción se percibe en su temprano y profundo aprecio por la liturgia, por la celebración ritual de los misterios cristianos usando los símbolos de la vida cotidiana: agua, vino, pan, luz y oscuridad.

Resulta evidente su amor por la vida sencilla del campo bávaro, del que habla con cariño como uno de los períodos más felices de su vida; su gusto por los hombres y mujeres sencillos que tienen fe; su rechazo del nazismo, cuya inhumana violencia consideraba fruto de su oposición ideológica a Dios. Más adelante en su vida, como asesor teológico en el Concilio Vaticano II, su deseo de hacer la maravilla de Dios más accesible y visible a más gente le granjeó una reputación de «progresista». Luego, en su época como Prefecto de la Congregación de la Doctrina de la Fe, trabajó durante veinticinco años para impedir que la maravilla y la belleza de Dios quedarán cubiertas y ocultas bajo las teologías del relativismo, el ateísmo marxista y el secularismo.

En última instancia, resulta evidente en sus primeras homilías como Benedicto XVI, en las que lanzó un llamamiento a todos los hombres y mujeres, tanto dentro como fuera de la Iglesia, para que «buscaran el rostro de Dios», caminando junto a él en un viaje que conduce a un hogar eterno en el que Dios está enteramente presente y en que, por ello, la verdadera dicha es eterna.

De Marktl a Freising

«Mi primer recuerdo se remonta en verdad a Marktl, y es el único recuerdo que conservo de ese período de mi vida. Probablemente tenía unos dos años, pues nos fuimos de Marktl cuando tenía esa edad. Vivíamos en la segunda planta del edificio. En la planta baja vivía un dentista que tenía un coche, algo todavía poco habitual en aquellos tiempos, al menos en Baviera. Y lo que recuerdo es el olor a gasolina de ese coche». Riendo, añadió, «Me impresionó profundamente».

Benedicto XVI nació el 16 de abril de 1927, en la pequeña

ciudad de Marktl-am-Inn, en la diócesis bávara de Passau, en el sur de Alemania. Fue el tercer hijo de Joseph y María Ratzinger, pues nació después de Georg y Maria, sus hermanos mayores.

Ese año el 16 de abril fue Sábado Santo, el «día de silencio» que en la liturgia cristiana discurre entre el dolor del Viernes Santo y la alegría del Domingo de Resurrección.

«Me bautizaron la mañana después de mi nacimiento con agua bendita durante la vigilia de Pascua. Mi familia a menudo lo subrayaba, pues el ser el primer bebé bautizado con esta nueva agua era una señal importante».

Uno percibe el «código genético» de la vida espiritual de Benedicto en esta unión íntima de la vida cotidiana y la vida de la fe: su nacimiento precede a su bautismo sólo en unas pocas horas; su familia está siempre presente, recordándole durante su juventud que había sido el primero en ser bautizado con la nueva agua bendita, inculcándole un sentimiento de dignidad y singularidad, una de las principales tareas de todo padre, madre, hermano o hermana; y su fe, entretejida en la trama de la vida cotidiana. «La fe penetraba todos los aspectos de la vida, aunque no todos eran creyentes católicos de verdad. En el campo y en los pueblos de entonces nadie podía ni quería moverse fuera del tejido de la vida católica, de la vida cristiana».

La fe y la familia son todavía los polos gemelos de la conciencia de Benedicto, como lo han sido a lo largo de toda su vida. En primer lugar, la familia: sus memorias le muestran siempre ansioso por regresar a casa de sus padres, por salir a dar largos paseos con su madre y su padre, por vivir «en familia» o «como una familia» tan a menudo y durante tanto tiempo como fuera posible. De hecho, sus padres irían a vivir con él cuando logró su primer trabajo como profesor universitario. «Siempre recordaré con mucho cariño la bondad de mi padre y de mi madre». Su hermana, Maria, que nunca se casó, se convertiría en su ama de llaves, haciendo que la familia Ratzinger se mantuviera unida incluso en Roma hasta el fallecimiento de ella —que fue devastador para Benedicto— en noviembre de 1991. Benedicto también pasa buena parte de sus vacaciones de verano con su hermano Georg, un sacerdote que es musicólogo y director del coro de la catedral de Regensburg en Alemania.

Luego el otro polo: la fe. «Siempre he dado gracias por el hecho de que desde el principio mi vida estuviera inmersa en el misterio pascual, pues no se podía tratar más que de una señal de bendición. Por supuesto, no nací el Domingo de Resurrección, sino el Sábado Santo. Y, no obstante, mientras más pienso en ello, más me parece que es un símbolo de nuestra existencia humana, que todavía aguarda la Pascua, que todavía no está a plena luz, pero que camina con confianza hacia la luz».

La sencillez de estas palabras revela un punto clave del pensamiento de Benedicto: que la fe más pura es la de la gente común y humilde.

Cerca de Marktl-am-Inn, donde nació, estaba el santuario mariano de Altoetting, que se remonta a tiempos carolingios (siglo IX). Cuando Benedicto era un niño, el fraile Conrad de Parzham, que había sido portero del santuario, fue beatificado. «En este hombre, humilde y amable, vimos encarnado lo mejor de nuestro pueblo, llevado por la fe a hacer realidad sus grandes posibilidades. Más adelante pensaría a menudo en esta extraordinaria circunstancia, que la Iglesia, en el siglo del progreso y de la fe en la ciencia, considerara que quienes mejor la representaban eran las personas más sencillas, como Bernadette de Lourdes o el hermano Conrad».

El ciclo anual de culto y oración, que en la Iglesia católica se denomina el «año litúrgico», también dejó una profunda huella en el joven Benedicto. Igual que las estaciones cambiaban de invierno a primavera y de verano a otoño, también cambiaban las

fiestas de la Iglesia, de la Cuaresma a la Pascua, de ésta a Pentecostés y de Pentecostés a Navidad, aportando a la vida cotidiana
una dimensión diferente y más profunda. «El año litúrgico le
daba al tiempo su ritmo, y yo me di cuenta de ello desde muy pequeño, sí, desde que era un niño, con gran alegría».

En Navidad, el pesebre de la familia era más grande cada año
y las liturgias del Adviento alegraban los a veces grises y melan-
cólicos días del invierno alemán: «Se celebraban al amanecer, con
la iglesia todavía a oscuras, iluminada sólo por la luz de las
velas».

Sus recuerdos de las Pascuas de su niñez revelan el punto hasta
el que la fe de Benedicto surgió del rico tejido simbólico cristiano, que todavía era casi «barroco» comparado con la liturgia
post-Vaticano II que se introduciría en los años 60: «Durante
toda la Semana Santa las ventanas de la iglesia se tapaban con cobertores negros. Incluso durante el día, la iglesia estaba envuelta
en sombras preñadas de misterio. Pero cuando el párroco can-
taba el versículo que anunciaba "¡Ha resucitado!", los cobertores
se retiraban súbitamente de las ventanas y una luz radiante inun-
daba la iglesia entera: era la representación más impresionante de
la resurrección de Cristo que puedo imaginar».

La vida era tranquila en Marktl y en las demás ciudades de la
región en las que la familia vivió durante los años 30. Su padre
era agente de policía y su madre «una excelente cocinera».

«Antes de casarse, mi madre trabajaba como cocinera profe-
sional», dijo, sonriendo al recordarlo. «En los últimos años antes
de casarse trabajó en un hotel en Munich donde cada uno de los
cocineros estaba especializado en un área concreta. Ella era espe-
cialista en *mehlspeiss*. ¿Sabes lo que es eso? Es algo que sólo existe
en Austria y en Baviera. Se trata de unos pastelitos hechos con
harina y nata, no como la pasta italiana, sino dulces. *Apfel strudel*
y cosas parecidas. El *Apfel strudel* es el único que se ha difundido

más o menos por el mundo, pero teníamos mucha variedad de ese tipo de pasteles. ¡Una cantidad extraordinaria! Y nos encantaban esos *mehlspeissen*. Aparte de eso éramos, por supuesto, bastante pobres, y mi madre tenía que arreglárselas como podía para alimentar a una familia de cinco personas. Solíamos comer un poco de carne de res, algo de ensalada, verduras…

»Yo vivía en un pueblo pequeño en el que la gente trabajaba en el campo o en talleres artesanos, y allí me sentía en mi hogar».

Con la llegada del nazismo, la actitud de los alemanes hacia el papel de la Iglesia en la vida cotidiana empezó a cambiar. «Los fanáticos, naturalmente, abandonaron la Iglesia y se opusieron abiertamente a ella». Pero no todo el mundo se convirtió en nazi. Desde luego, muchos no lo hicieron. «Yo diría que habían pocos de esos fanáticos que explícitamente se declararon anticatólicos o anticristianos en las zonas rurales. Mucha gente iba, como decimos en alemán, *"mitlaufer"* ("con la corriente"), ¿no? Se trataba de personas que hacían lo necesario sin comprometerse mucho personalmente y, al mismo tiempo, seguían yendo a la Iglesia, seguían tomando parte en la vida religiosa que estaba tan arraigada en el tejido de la vida cotidiana de la Alemania rural de aquellos tiempos que era inimaginable que alguien no tomara parte en ella.

»Pero hubo también un grupo católico muy fiel que mantuvo su compromiso con la vida católica. Y, del mismo modo que los fanáticos fueron una minoría, también lo fueron los miembros de este grupo. Eran cristianos muy devotos y, por tanto, se oponían radicalmente al régimen».

La familia se trasladó a Tittmunning, luego a Aschau y luego a Traunstein, una pequeña ciudad al pie de los Alpes. Estas mudanzas fueron causadas directamente por la resistencia del padre del joven Benedicto al nazismo, que le acarreó degradaciones y traslados en su trabajo como agente de policía. «Nuestro padre fue un enemigo enconado del nazismo porque creía que era incompatible con nuestra fe», ha dicho Georg, el hermano del Papa.

«Tittmunning era una adorable ciudad pequeña con cierta historia, pues pertenecía a la archidiócesis de Salzburg. Una ciudad preciosa. Ya en el siglo XVI fue el punto de origen de un movimiento de reforma de la Iglesia, de una reforma del clero. Y los efectos de aquella reforma se sienten todavía en nuestro mismo siglo, pues fue precisamente esa reforma la que estableció la vida en común del clero y, en esa región, seguía aplicándose que los párrocos y sus asistentes vivieran en común.

»Era una ciudad muy pequeña, de sólo tres mil habitantes, pero encantadora. Y de allí guardo algunos recuerdos muy buenos, tanto de la vida de la Iglesia como de la naturaleza, pero especialmente de la vida de la Iglesia.

»Había dos iglesias grandes, muy bellas. La iglesia parroquial tenía un capítulo y en la otra iglesia, que había pertenecido a la regla de San Agustín, había monjas. Y en ambas iglesias sonaba una música maravillosa, las iglesias eran muy bonitas... pero mis recuerdos más vivos son de las celebraciones de Navidad y Semana Santa.

»Allí estaba la tumba de Jesús, de Jueves Santo a Sábado Santo, una preciosa construcción barroca con muchas luces y flores. Y yo diría que de niño la contemplación de la sagrada tumba, del santo sepulcro, me impresionó profundamente. También otras fiestas y vísperas con himnos sagrados. Y las procesiones. Cada jueves había una gran misa cantada y una procesión con el Santísimo Sacramento. Y fue por eso que la belleza de la Iglesia quedó profundamente grabada en mi memoria. Y también la Navidad, tanto en casa como en la iglesia, era muy bonita».

La familia vivió en Tittmunning de 1929 a 1932. «Daba lar-

gos paseos con mi madre, especialmente en Austria, pues estábamos justo en la frontera austriaca. El río que cruzaba la ciudad
era la frontera entre Alemania y Austria». Riéndose, Benedicto
recordó que «había una estación, con un trenecito que conectaba
aquella pequeña ciudad con el resto del mundo. Pero nosotros,
que éramos pobres, nunca salíamos de la ciudad. Siempre íbamos
a pie a la primera estación y siempre volvíamos de ella a pie. De
este modo, ahorrábamos un poco de dinero. Se trataba, además,
de paseos maravillosos. Cuando yo sólo tenía tres años, a veces
mi madre me llevaba en sus brazos, pero con cuatro ya caminaba
esta ruta bastante bien solo.

»Como es natural, no teníamos demasiados libros en casa,
pero a mi padre le interesaban mucho la historia y la política, y a
mi madre las novelas, así que había unos cuantos libros de historia y también, por supuesto, libros religiosos, y además algunas
pocas novelas, como *Ben Hur* y *Quo Vadis* y otras».

Aunque el padre de Joseph era jefe de policía, procedía de una
tradicional familia de granjeros de la baja Baviera. «Mi padre, a
pesar de haber recibido muy poca educación formal, era una persona, intelectualmente hablando, absolutamente superior, de una
gran superioridad incluso si lo comparo con académicos. Tenía
sus convicciones, las cuales profundizó a través del estudio, por
supuesto. Era un gran patriota bávaro. Es decir, no aceptó de
buen grado el imperio de Bismarck y la incorporación de Baviera
a una Alemania prusianizada. Y debe decirse que estaban siempre presentes, al menos durante algún tiempo, estas dos corrientes en Baviera: una reconciliada con la idea de una Alemania
unificada y otra que no aceptaba esa idea y pensaba en el contexto de la historia antigua, remontándose a antes de la Revolución francesa. Se identificaban con el Sacro Imperio Romano, es
decir, con los ideales de amistad y cercanía a Austria, y también
con Francia. Y mi padre tendía a pensar de este modo y era, ante

todo, un católico comprometido, por lo que estaba claramente en contra del nacionalismo. Sus argumentos estaban tan bien fundamentados que simplemente nos convenció».

Nazismo y guerra

Hitler llegó al poder cuando Benedicto tenía seis años. El régimen nacionalsocialista al principio no tuvo mucho impacto en Baviera, recuerda Ratzinger, pero un maestro de la escuela estaba entusiasmado con la ideología nazi. «Con gran pompa hizo que se levantara un mayo y compuso una especie de plegaria al símbolo de la inagotable fuerza vital. Se suponía que ese mayo representaba el principio de la restauración de la religión germánica y contribuía a la represión de la cristiandad, que se denunciaba como un elemento que alienaba a la gente de su gran cultura germánica. Organizó con las mismas intenciones un festival del solsticio de verano, de nuevo como retorno a la sacralización de la naturaleza y en oposición a las ideas de pecado y redención, que se decía que nos habían sido impuestas por la religión extranjera que nos trajeron los judíos y los romanos.

»Cuando mi padre fue trasladado a Tittmunning pensó sobre todo en que una ciudad más grande tendría mejores escuelas. Pero entonces llegaron la depresión y el desempleo generalizado. Fue el período entre 1929 y 1932, esa gran crisis económica mundial. Y hubo un tremendo desempleo. Y ese mismo desempleo favoreció el crecimiento del nacionalsocialismo. Esos parados albergaban la esperanza de que Hitler hiciera cambiar las cosas. Y en este sentido sí que las cambió, creando un ejército y demás. Fue un movimiento muy fuerte y también muy agresivo.

»Mi padre criticó duramente el movimiento nazi y, cuando vio que ya no podía evitarse que Hitler llegara al poder, se trasladó a otra pequeña ciudad, Aschau, pues en Tittmunning, después de que Hitler llegara al poder, las cosas se podían haber puesto muy difíciles para la familia. Se marchó en el momento adecuado, un mes antes del cambio, a la pequeña ciudad de Aschau donde, naturalmente, estos cambios también fueron visibles pero no tuvieron mucho impacto sobre la vida cotidiana debido a las características propias de la vida rural. Así que allí uno podía sobrevivir, a pesar de que siempre había presiones, siempre había dificultades».

En 1933, el año en que Hitler fue nombrado canciller de Alemania, Joseph empezó a ir a la escuela y a experimentar el impacto del régimen nazi. «El partido había colocado a nazis entre los maestros de la escuela, y también el subcomisario de mi padre era un joven y fervoroso nazi. Eran realidades que existían». Pero «la vida cotidiana, incluso en la escuela, diría yo, no se vio penetrada en profundidad por esos fenómenos. Seguíamos con mucha distancia la evolución de los acontecimientos políticos. Se oían cosas sobre ello. Pero era más difícil para mi padre, pues había digamos que continuas insinuaciones desde arriba para que hiciera algo contra el párroco o contra otros sacerdotes y monjas que vinieron a la localidad. Siempre había muchas dificultades.

»Mi padre se enteró de que ya no le daban las órdenes a él sino directamente a su segundo al mando. Pero se enteraba de las órdenes e iba al párroco y a los demás sacerdotes y les decía: "Ojo, que va a pasar esto o que va a pasar aquello". Y así les ayudaba. Una vez, no sé exactamente los detalles, se decidió encarcelar a cierto sacerdote, pero mi padre pudo, en el momento preciso, advertirle. Hizo algún tipo de maniobra, no sé cuál, y pudo salvarle.

»Yo había empezado a ir a la escuela. En 1934 Hitler decidió ejecutar a algunos de los líderes de las SA (Las tropas de asalto, dirigidas por Ernst Rohm, que ayudaron a Hitler a conseguir el poder y a las que luego decidió suprimir por miedo de que se rebelaran contra él). Nuestra profesora nos hablaba de estas cosas, de la "noche de los cuchillos largos". Nos decía: "Esos hombres querían hacer cosas malas y el *Führer* los descubrió y nos ha protegido de ellos". No sé cómo lo interpretó la gente. Cuando Hitler hacía algo, mi padre siempre sospechaba que pretendía alguna maldad porque, según decía mi padre, y se trataba de una de sus frases favoritas: "Aunque lo parezca, del diablo no viene nunca nada bueno". Pero no sé si se dio cuenta de que la supresión de las SA fue en realidad un truco de Hitler para mostrarse como el *Führer* de todos los alemanes.

»En aquellas ciudades, en las regiones rurales, todo era casi idílico durante los años 30. La gente tenía su propio ritmo de vida y pocas cosas cambiaron. Pero yo diría que uno podía sentir que Hitler estaba preparando una guerra. Mi padre lo dijo desde el principio: "Ahora tenemos a este sinvergüenza y pronto estaremos en guerra". Se percibía que la guerra estaba próxima, pero... durante los primeros cuatro años, en la atmósfera de la vida cotidiana, no se pensaba realmente en ello. La situación cambió cuando se produjo la anexión de Austria. Vivíamos en Traunstein, no lejos de la frontera, y sentíamos la enorme tensión. Desde ese momento quedó claro que las cosas no iban bien».

En 1937 se jubiló el padre de Joseph y la familia se mudó a Traunstein. «Las cosas eran más difíciles en Traunstein, pero allí los peores incidentes tuvieron lugar antes de nuestra llegada. Le rompieron los dientes a un cura y había sucedido una serie de incidentes de ese tipo. Habían puesto una bomba en la residencia de los monjes, cuya explosión causó daños en la casa parroquial. Y el cardenal había puesto la ciudad bajo interdicto: no podían sonar las campanas de las iglesias de la ciudad. Se seguía celebrando misa, pero para una ciudad que amaba la música y que estaba empapada de la tradición musical de Salzburgo, fue un castigo muy severo».

Siendo niño, Benedicto no experimentó nunca personalmente ni amenazas ni violencia física a causa del opresivo régimen gobernante.

A finales de los años 30, debido a la insistencia del párroco local, ingresó en un seminario menor. «Durante dos años iba y venía caminando de la escuela con gran alegría, pero ahora el párroco insistió en que entrara en el seminario menor. En la Pascua de 1939 [Ratzinger tenía sólo doce años] ingresé en el seminario». Su hermano ya estudiaba allí, y Joseph conocía a muchos de sus compañeros de clase, pero odiaba el estricto régimen de confinamiento. «En casa había vivido y estudiado con gran libertad, como había querido, construyendo mi propio mundo de infancia. Que me obligaran ahora a estudiar en una sala con otros sesenta muchachos me parecía una tortura. Se me hizo casi imposible estudiar, algo que hasta entonces me había resultado muy fácil».

Lo peor de todo era que los chicos tenían que hacer dos horas diarias de deporte. «Esta circunstancia se convirtió para mí en una verdadera tortura, pues no me sentía en absoluto inclinado al atletismo y era el más pequeño de los chicos de la escuela, muchos de los cuales eran tres años mayores que yo. Era mucho menos fuerte físicamente que casi todos ellos. Mis compañeros fueron bastante tolerantes pero, a la larga, no es divertido tener que vivir gracias a la tolerancia de los demás y saber que uno sólo es un lastre para su propio equipo».

Benedicto sintió la vocación del sacerdocio desde que era muy niño, así que tomar ese camino le parecía una decisión natural. «Durante aquellos años, sin embargo, fue todo un poco ficticio, pues el seminario fue requisado como hospital militar para heridos de guerra ya desde el inicio del conflicto. De modo que yo, formal y jurídicamente, pertenecía al seminario pero, de hecho, como el seminario era un hospital militar, vivía en casa. Pero dado que legalmente era miembro del seminario, cuando el seminario como tal fue transferido a Munich para ayudar en la defensa antiaérea, yo también me vi obligado a ir».

En 1941 se hizo obligatorio afiliarse a las Juventudes Hitlerianas, y Joseph se vio forzado a incluir su nombre en las listas. «Como seminarista, se me inscribió en las Juventudes Hitlerianas. Tan pronto como salí del seminario no volví a ellas. Y fue difícil, pues el descuento del costo de la matrícula, que me hacía mucha falta, estaba vinculado a demostrar que se había asistido a las reuniones de la Juventudes Hitlerianas. Gracias a Dios, me encontré con un profesor de matemáticas muy comprensivo. Él mismo era nazi, pero era un hombre honesto, que me dijo: "Ve aunque sea una vez y consigue el documento, para que lo tengamos". Cuando vio que simplemente yo no quería ir, dijo: "Comprendo. Yo me encargaré de ello". Y así es como pude mantenerme al margen de aquello».

Llegó la guerra.

«Al principio la guerra parecía casi irreal». Se produjo la rápida conquista de Polonia en septiembre de 1939, luego el invierno tranquilo entre 1939 y 1940 y a continuación la victoria nazi en Francia en la primavera y verano de 1940. «Incluso los oponentes del nacionalsocialismo sintieron cierto orgullo patriótico», recuerda Benedicto. «Hubert Jedin, el gran historiador de los Concilios, que luego sería colega mío en Bonn, tuvo que abandonar Alemania porque era de origen judío. Pasó los años de la guerra en un exilio involuntario en el Vaticano. En sus memorias ha descrito con penetrantes palabras el extraño conflicto de emociones que los acontecimientos de ese año produjeron en él».

Pero el padre de Benedicto veía las cosas claramente: «Mi padre vio con claridad meridiana que la victoria de Hitler no era una victoria para Alemania, sino para el Anticristo, y que sería el comienzo de tiempos apocalípticos para todos los creyentes, y no sólo para ellos».

Luego, el 22 de junio de 1941, llegó el ataque a Rusia. «Nunca olvidaré el soleado domingo de 1941 en que las noticias anunciaron que Alemania y sus aliados habían lanzado un ataque contra la Unión Soviética en un frente que se extendía desde el Cabo Norte hasta el Mar Negro. Ese día había salido con mi clase a un pequeño viaje en barco en un lago cercano. Fue una excursión encantadora, pero las noticias del recrudecimiento de la guerra se avecinaban sobre nosotros como una pesadilla y nos impedían disfrutar. Esta vez las cosas no podían ir bien. Pensamos en Napoleón; pensamos en las vastas, interminables llanuras rusas, donde se consumiría la fuerza del asalto alemán».

A los pocos meses empezaron a regresar las columnas de heridos. El edificio del seminario fue requisado como hospital y Benedicto enviado de vuelta a casa de sus padres.

En 1943, a los dieciséis años, cuando todavía no era lo suficientemente mayor como para ser llamado al auténtico servicio militar, fue reclutado para servir de ayudante en una batería antiaérea alemana, convirtiéndose así en miembro del ejército alemán.

«Fue algo de lo que no pude escapar. Y aquellos que vivían en un monasterio y seminario y, por tanto, ya estaban viviendo en común y fuera del hogar, tuvieron que ir, como comunidad, a unirse a esta artillería antiaérea.

»La situación era muy extraña. No se trataba simplemente del servicio militar, pues nuestros estudios continuaban. Por la mañana venían los profesores desde Munich y nos daban clase. Y también por las tardes solíamos dedicar dos horas al estudio. Y también había orden de que se nos aplicaran las leyes protectoras de la juventud, que también eran válidas para nosotros. Eso quiere decir, por ejemplo, que teníamos prohibido fumar». Las autoridades tomaron muchas otras medidas para «garantizar la moralidad de esos jóvenes (...) como soldados».

Pero todos los jóvenes seminaristas sabían que no eran bienvenidos en la Alemania de Hitler. «Por supuesto deseábamos la derrota del nazismo, no hay duda de ello. Una cosa estaba clara: los nazis querían, después de la guerra, eliminar a la Iglesia. Con seguridad no habría ya más sacerdotes. Esa era una de las razones por las que deseábamos su derrota.

»No hicimos gran cosa en concreto porque nos dedicaban principalmente a los servicios técnicos, como el radar y ese tipo de cosas. Aprendimos a disparar un rifle, pero sólo como ejercicio de instrucción.

»Existían tres estados en el ejército por los que yo tendría que pasar. Primero fuimos asistentes de la artillería antiaérea y, como dije, fue una época "mixta", pues éramos una comunidad que a la vez estudiaba y cumplía el servicio militar. Una vez, para una clase, llegamos incluso a ir a Munich para usar el equipo de física y química que había allí. Y la comunidad en sí misma era interesante. No es que no hubiera tensiones, naturalmente. Pero había un fuerte sentido de que teníamos que ayudarnos los unos a los otros. Y luego estaba el servicio militar. Pero no era una actividad extenuante. Esta situación duró hasta septiembre de 1944».

El 10 de septiembre de 1944, a los diecisiete años, fue dado de baja del ejército y regresó a casa. Allí se encontró una notificación que le anunciaba que le habían alistado en una unidad de trabajo para cavar trincheras en el frente austriaco.

«En septiembre de 1944 nos licenciaron y nos transfirieron al llamado "servicio de trabajo", un servicio que Hitler estableció en 1933 para crear empleo; entramos en ese servicio y nos enviaron a la frontera con Austria. Y tuvimos que aprender a trabajar con picos y palas, y a cavar trincheras y a hacer ese tipo de cosas. Así que cuando Hungría capituló ante los rusos, estábamos en la frontera austriaca. Entonces empezamos a trabajar para crear obstáculos que entorpecieran la marcha del Ejército Rojo. Por ejemplo, cavábamos zanjas para bloquear a los tanques.

»Una noche nos sacaron de nuestras literas y nos reunieron vestidos con nuestras ropas de trabajo, todavía medio dormidos. Un oficial de las SS nos llamó de uno en uno en la formación y trató de persuadirnos para que nos enroláramos "voluntariamente" en las SS, aprovechándose de nuestro cansancio y de tenernos a cada uno frente a todo el grupo. Muchos, incluso algunos que eran buenos tipos, se enrolaron de este modo en aquel cuerpo criminal. Junto con unos pocos, tuve la suerte de poder decir que pretendía convertirme en sacerdote católico. Nos abuchearon y nos insultaron y nos devolvieron dentro de una patada, pero dimos gracias por esas humillaciones, pues nos libraron de la amenaza de aquel alistamiento "voluntario", con todas las consecuencias que conllevaba.

»Este servicio duró dos meses.

»Después de eso me convertí en un auténtico soldado, en un soldado de infantería. Pero el oficial que asignaba a cada persona, a aquellos jóvenes, estaba obviamente en contra de la guerra y en contra del nazismo. Nos buscó los mejores puestos, y me dijo: "Puedes ir a los barracones de Traunstein", donde estaría en casa. Y así acabé en los barracones de Traunstein, que estaban un poco fuera de la ciudad, pero no lejos de mi hogar. Y allí me adiestraron como soldado, me enseñaron a disparar un arma y todo eso. Por fin, tras dos meses, me enfermé y seguí enfermo hasta el final de la guerra. No fue nada grave. Me había hecho una herida en una de las manos. Me dañé un pulgar en una práctica de tiro. (Me enseñó la cicatriz en el pulgar). En todo caso, nuestro Señor bendito me protegió».

Las fuerzas armadas alemanas se desintegraron lentamente, los ejércitos aliados avanzaron y la guerra llegó a su fin. Aunque nunca entró en combate, Benedicto fue detenido junto con decenas de miles de otros soldados alemanes en un campo cerca de Munich durante varias semanas. «Estábamos todo el tiempo al aire libre. Nuestra comida consistía en un plato de sopa y un trozo de pan al día. Cuando, después de un largo período de buen tiempo, empezó a llover, nos arracimamos en pequeños grupos para tratar de encontrar un poco de refugio frente al mal tiempo».

Este «período de guerra» de la vida de Benedicto cambió su carácter y su forma de ver el mundo.

«En primer lugar, nos volvimos más conscientes de nuestra fe, pues a menudo nos envolvíamos en discusiones y nos veíamos obligados a encontrar argumentos para defendernos. Y así, en este sentido, los desafíos nos ayudaron a reflexionar sobre la fe, a llevar una vida más concreta y convencida en la fe.

»En segundo lugar, vimos una cierta visión anticristiana del mundo que, en el análisis definitivo, se demostró absurda y antihumana, a pesar de que cuando llegó al poder se quiso retratar como la gran esperanza de la humanidad. En consecuencia, aprendí a contemplar con cierta reserva las ideologías dominantes».

Joseph fue prisionero de guerra de Estados Unidos hasta el 19 de junio. «Entonces me liberaron y regresé a casa. Ni la misma Jerusalén celestial me habría parecido más bella cuando por fin regresé a mi hogar».

Sacerdote, profesor y obispo (1951–1981)

«Pude ahora dedicarme por completo (...) a prepararme para el siguiente gran paso: la ordenación al sacerdocio (...) en 1951. A la solemne llamada, ese radiante día de verano, que recuerdo como el cenit de mi vida, respondimos *"Adsum"*, aquí estoy. No debemos ser supersticiosos, pero en aquel momento, cuando el anciano arzobispo posó sus manos sobre mí, un pajarillo —quizá una alondra— voló desde el altar de la catedral cantando una alegre melodía. Y no pude dejar de ver en ello una tranquilizadora señal desde lo alto, como si escuchara las palabras "Haces bien, vas por el buen camino"».

—*Joseph Ratzinger,* Milestones: Memoirs 1927–1977, *p. 99**

La vida personal de Benedicto después de la guerra estuvo marcada por el estudio, la escritura, la enseñanza y la plegaria. Su gran maestro fue San Agustín (354–430), el gran Padre de la Iglesia del Occidente latino, de quien descendió toda la cultura intelectual occidental durante un milenio y cuya influencia en nuestro pensamiento es todavía hoy muy importante.

San Agustín, en sus *Confesiones,* nos revela un ser humano envuelto en una lucha que le parte el alma contra las pasiones desordenadas y sus muchos pecados para conseguir la fe en Dios y una vida virtuosa.

Tal lucha no perturbó ni la adolescencia ni la juventud de Benedicto. Se encuentra entre el bendito grupo de aquellos cuya fe infantil creció orgánicamente hasta convertirse en una fuente de significado y fuerza que perduraría toda su vida. No pasó por ninguna titánica lucha espiritual ni mantuvo duros combates por la noche, como Jacob, con el ángel del Señor; no hubo ninguna «noche oscura» de dudas y desolación, sino que más bien maduró, paciente y humildemente, en la fe que habían imbuido en él desde su más tierna infancia.

En este sentido, la historia de su vida es «modesta», edificante y admirable en un hombre que ha llegado a tan altas cotas de autoridad y responsabilidad. Es en el campo de batalla de la mente,

---

*(N. de la t.) Existe edición en español: *Mi vida: recuerdos (1927–1977),* Encuentro Ediciones, Madrid, 1997.

no en el del corazón y las pasiones, donde Benedicto libró su combate espiritual.

Tras la guerra, junto a su hermano Georg, Benedicto estudió filosofía en el seminario de Freising. En septiembre de 1947 inició sus estudios de teología en la universidad de Munich, que concluiría en el verano de 1950.

Entre sus profesores, uno de sus favoritos era Friedrich Stummer, que enseñaba el Antiguo Testamento. «Asistí a sus clases y seminarios con gran interés», recuerda Ratzinger. «De esa manera el Antiguo Testamento se convirtió en algo importante para mí y comprendí cada vez con más claridad que el Nuevo Testamento no es el libro de otra religión que se apropió de las Sagradas Escrituras judías como si fueran, después de todo, de importancia menor. El Nuevo Testamento no es sino una interpretación, empezando por la propia historia de Jesús, de "leyes, profetas y escrituras" que en la época de Jesús no habían alcanzado todavía la madurez en un canon definitivo, sino que estaban todavía abiertas y por lo tanto se presentaban a sí mismas a los discípulos como una prueba en favor de Cristo, como Sagradas Escrituras que revelaban su misterio.

»Comprendí todavía con mayor claridad que el judaísmo (que estrictamente comienza con la conclusión del proceso de formación del canon de las Escrituras, es decir, en el siglo I d. de C.) y la fe cristiana, tal y como es descrita en el Nuevo Testamento, son dos maneras de tomar posesión de las Sagradas Escrituras de Israel que dependen, finalmente, de la posición que uno asume respecto a la figura de Jesús de Nazaret. El texto que hoy conocemos como Antiguo Testamento está en sí mismo abierto a ambos caminos».

En el otoño de 1949 un amigo le dio a Ratzinger un ejemplar de *Catolicismo*, de Henri de Lubac. La lectura de Lubac «me transmitió una relación nueva y más profunda con los Padres».

Durante 1950, Ratzinger preparó una disertación sobre la teología de la Iglesia de San Agustín, penetrando por primera vez en un tema que se convertiría en uno de los que más le interesarían desde entonces. El 26 de junio de 1951 el cardenal Faulhaber le ordenó sacerdote en la catedral de Freising.

Un mes después empezó su ministerio como pastor asistente en la parroquia de la Sagrada Sangre de Munich. Entre sus deberes en la parroquia se contaban impartir clases de educación religiosa, encargarse del ministerio a los jóvenes, celebrar misas, funerales, bautismos, etc., yendo a todas partes montado en su bicicleta. «Dar clase dieciséis horas a la semana era un buen montón de trabajo, especialmente cuando estás empezando. Me acabó gustando porque forjé muy rápido una buena relación con los niños. Era algo maravilloso traducir todos aquellos conceptos abstractos (intelectuales) de modo que les llegaran a los niños».

Durante unos doce meses fue párroco, pero entonces le llamaron para que fuera profesor de un seminario. Fue el principio de un cuarto de siglo de intensa dedicación a la teología académica.

En octubre de 1952 le asignaron a un seminario en Freising. «Por una parte era la solución que deseaba, la que me permitía volver a mis estudios teológicos que tanto me gustaban. Pero, por otra parte, sufrí mucho por la pérdida de contacto y experiencias humanas que me permitía el ministerio pastoral. De hecho, incluso empecé a pensar que habría hecho mejor quedándome trabajando en la parroquia. La sensación de ser necesario y de llevar a cabo un servicio importante me había ayudado a dar todo lo que tenía y eso me hacía disfrutar del sacerdocio de una manera que no experimenté en mi nuevo destino».

Nueve meses más tarde consiguió su doctorado en teología con una tesis titulada «Pueblo y casa de Dios en la doctrina de la Iglesia en San Agustín».

En el semestre de invierno de 1954 se hizo cargo de la cátedra de teología dogmática en la universidad de Freising. Su familia se mudó a Freising para ayudarle mientras se esforzaba por escribir su tesis postdoctoral (llamada en alemán *Habilitationschrift*) al mismo tiempo que daba clases.

Ratzinger nos ofrece una fascinante visión de sus propias dificultades académicas en la narración que nos hace de los problemas que tuvo para conseguir que se aprobase su *Habilitationschrift*, que en Alemania era un trabajo obligatorio que debía realizarse tras la tesis doctoral para convertirse en profesor. El trabajo fue rechazado la primera vez que lo presentó en el otoño de 1955, lo que fue un golpe terrible para el joven académico. Además de una discusión con un profesor sobre los contenidos del trabajo, el documento que Ratzinger entregó en la fecha límite estaba lleno de erratas. Al parecer su mecanógrafa era incompetente y desorganizada; le perdió páginas del texto e hizo que fuera imposible que Ratzinger corrigiera su propia obra. Ratzinger eliminó la mitad del texto y, para sorpresa del cuerpo docente, lo reescribió rápidamente y consiguió que fuera aprobado a principios de 1957.

En 1959 divergieron los caminos de Joseph y de su hermano Georg. Éste pasó a trabajar como director del coro de su parroquia en Traunstein, y Joseph logró un puesto de profesor en Bonn. No obstante, la muerte de su padre ensombreció la nueva experiencia. Murió de una embolia durante una visita de Joseph. «Cuando volví a Bonn después de aquello sentí que el mundo era un lugar más vacío para mí y que una parte de mi hogar se había trasladado al otro mundo».

A lo largo de los siguientes cinco años, Ratzinger se forjó una buena reputación en los círculos teológicos alemanes. Ello le permitió ser un *peritus*, o asesor experto, en el Concilio Vaticano II, que comenzó en 1962. «El cardenal Frings nos llevó a su secretaria, la señora Luthe, y a mí como sus asesores teológicos a Roma; también se encargó de que hacia el final de la primera sesión yo recibiera la nominación oficial de teólogo del Concilio (*peritus*)».

Joseph consiguió entonces un puesto lectivo en Munster. Pero durante 1963 le diagnosticaron a su madre un cáncer de estómago. «Su bondad pasó a ser todavía más pura y radiante y continuó brillando sin cambiar un ápice a pesar de que el dolor aumentaba semana a semana. El día después del Domingo de Regocijo (*Gaudete*), el 16 de diciembre de 1963, cerró sus ojos para siempre, pero el resplandor de su bondad perduró, y para mí se ha vuelto en una confirmación cada vez más poderosa de la fe por la cual ella se había dejado forjar. No conozco ninguna prueba más convincente de la fe que precisamente la pura e inalterable humanidad que la fe hizo madurar en mis padres y en tantas otras personas que he tenido el privilegio de conocer».

Los años de Benedicto en el Concilio (cada otoño de 1962 a 1965) constituyeron un momento decisivo en su vida. Gracias al foco de atención que generaba el Concilio, a pesar de que todavía no había cumplido los cuarenta años, se convirtió en uno de los jóvenes teólogos más conocidos del mundo. Y en aquellos años su reputación era de «progresista», pues en muchas cuestiones afirmaba que la burocracia de la Curia romana había impedido la alegre y valiente proclamación del Evangelio al mundo. «Para la mayoría de los Padres Conciliares la reforma propuesta por el movimiento litúrgico no era una prioridad; de hecho, para muchos de ellos ni siquiera era algo que se debiera debatir allí», recuerda. «El cardenal Montini, por ejemplo, que luego como Pablo VI se convertiría en el verdadero Papa del Concilio, al presentar su índice temático al principio de las deliberaciones conciliares, dijo claramente que no veía que en el área litúrgica hubiera ninguna tarea esencial para el Concilio. La liturgia y su reforma se convirtieron, después de la Primera Guerra Mundial, en una cuestión urgente sólo en Francia y Alemania, y lo fueron, para ser más precisos, desde la perspectiva de la restauración más precisa posible de la antigua liturgia romana; a eso se añadió la necesidad de una participación activa de la gente en el acontecimiento litúrgico. Estos dos países, junto con Bélgica y Holanda, (...) consiguieron obtener la aprobación para que se esbozara un esquema de la liturgia sagrada. Que este texto fuera el primero que examinara el Concilio no fue en modo alguno porque hubiera un súbito interés por la liturgia por parte de la mayoría de los Padres Conciliares, sino que fue debido a que parecía que la liturgia era un tema que no iba a levantar grandes polémicas. (...) Jamás se le hubiera ocurrido a ningún Padre ver en ese texto una "revolución" que significara "el final de la Edad Media", como algunos teólogos han dicho desde entonces. Además, el tema entero se veía como una continuación de la reforma lanzada por Pío X y llevada a cabo con prudencia, pero también con determinación, por Pío XII».

En 1970, después de que se aprobara el nuevo Misal de Pablo VI, escribió: «El hecho de que, después de un período de experimentos que a menudo habían desfigurado profundamente la liturgia, volviéramos a disponer de un texto litúrgico vinculante debía recibirse como algo a todas luces positivo. Pero me conmocionó la prohibición del viejo Misal, pues algo así no había ocurrido jamás en toda la historia de la liturgia».

Para Ratzinger, el abrupto cambio en la liturgia de la Iglesia tuvo trágicas consecuencias que todavía hoy son causa de muchos males para la Iglesia.

«Estoy convencido de que la crisis eclesiástica en la que hoy nos encontramos es en mayor parte una consecuencia del derrumbamiento de la liturgia, que en ocasiones se concibe como algo en lo que no importa si Dios existe y si nos habla o nos escucha», escribe. «Pero si, en la liturgia, la comunión de la fe, la unidad universal de la Iglesia y su historia y el misterio del Cristo vivo ya no aparecen, ¿dónde se manifestará la substancia espiritual de la Iglesia?» Si no surge un nuevo movimiento litúrgico en la Iglesia para restaurar la universidad y la sacralidad de la liturgia, la Iglesia se arriesga a «disgregarse en bandos de todo tipo».

Tras el Concilio, su amor por su Baviera natal le hizo regresar de Munster al sur en sólo tres años, cuando aceptó la recién creada segunda cátedra de Dogma en la universidad de Tübingen. Allí, a finales de los años 60, Benedicto fue testigo de la subordinación de la religión a la ideología política marxista, conforme una ola de rebeliones estudiantiles recorría Europa y el marxismo se convertía rápidamente en el sistema intelectual predominante también en su universidad en Tübingen, adoctrinando no sólo a sus estudiantes sino también a muchos miembros del cuerpo docente. «Existió una explotación por ideologías que eran tiránicas, brutales y crueles. Esa experiencia me dejó claro que se debía resistir ante el abuso a la fe precisamente si uno quería mantener la voluntad del Concilio».

Mientras tanto, continuaban las discusiones posconciliares, lo que hacía que Ratzinger viajara a menudo a Roma. Joseph decidió mudarse todavía más al sur y en 1969 aceptó la cátedra de Dogma en Regensburg. Allí se reencontró con su hermano, que entonces era el director del mundialmente famoso coro de la catedral de Regensburg.

Justo al principio de sus años en Regensburg le nombraron miembro de la Comisión Teológica Papal Internacional. El objetivo de esta comisión era aplicar en la práctica la nueva función que el Concilio había asignado a los teólogos y asegurarse de que los desarrollos de la teología moderna entraran desde el principio en el proceso de toma de decisiones de los obispos y de la Santa Sede.

En 1972, junto con Hans Urs von Balthasar, Henry de Lubac y otros, lanzó la revista de teología católica *Communio,* una publicación trimestral de teología y cultura católicas. Se ha dicho que fue una respuesta a la mala interpretación que hicieron del Concilio Vaticano II Karl Rahner, Hans Kung y otros, que exponían sus opiniones en la revista teológica *Concilium.*

Tras la muerte del cardenal arzobispo de Munich, el Papa Pablo VI escogió para el puesto a Ratzinger. Joseph escribió, tras no pocas dudas, su carta de aceptación. El día de su consagración fue el 24 de marzo de 1977. «Ese día fue extraordinariamente bello. Fue un espléndido día de verano, la vigilia de Pentecostés. La catedral de Munich (...) estaba decorada espléndidamente y la atmósfera era de una alegría irresistible. Experimenté en qué consiste un sacramento, sentí que lo que ocurre en un sacramento es algo real (...) la alegría de aquel día fue algo en verdad muy distinto de la aprobación de una persona particular, cuyos méritos estaban todavía por demostrar. Era una alegría que brotaba del hecho que aquel cargo, ese servicio, estaba de nuevo presente en una persona que no actuaba y vivía para sí misma, sino para Él y, por lo tanto, para todos».

Como lema, tomó una frase de la Tercera Epístola de San Juan, capítulo 1, versículo 8: «Ser cooperadores en la obra de la Verdad» *("Cooperatores Veritatis").*

Sólo treinta días después el Papa Pablo VI le nombró cardenal. En 1980, el Papa Juan Pablo II le eligió para que presidiera el Sínodo especial sobre el Laicado. Poco después, el Papa le pidió que dirigiera la Congregación para la Educación Católica, puesto que no aceptó porque creyó que no debía abandonar su puesto en Munich tan pronto. Pero el 25 de noviembre de 1981 fue nombrado prefecto para la Congregación para la Doctrina de la Fe. Pasaría el resto de su vida en Roma.

«Sigo convencido de que el Señor prevalece y que la Iglesia sobrevive, no sólo sobrevive, sino que vive con fuerza a través de
todas estas crisis. En cierto sentido soy un optimista, porque
tengo la esperanza de la fe».

—*Benedicto XVI,*
conversación inédita con Robert Moynihan, 23 de marzo de 1993

«¿Cómo juzga su propio trabajo?», le pregunté a Benedicto algunos años atrás, durante una conversación que mantuvimos en
su despacho en la Congregación para la Doctrina de la Fe. «Algunos de sus críticos dicen que es demasiado duro en su defensa
de la fe. Otros dicen que no está lo suficientemente alerto, que
por todas partes se distorsionan las enseñanzas de la Iglesia y que
estas distorsiones no se corrigen. ¿Qué opina usted? ¿Demasiado
duro... o demasiado permisivo?»

El cardenal Ratzinger se tomó un momento para pensar. «Esa
es verdaderamente la pregunta que se hacen muchos creyentes»,
contestó. «¿Enseña todavía la Iglesia algo, o no? Es algo que nos
lleva a hacer un examen de conciencia, ¿verdad?

»Se nos ataca siempre por ser unos inquisidores. La gente dice
que censuramos la libertad de pensamiento y cosas así. Pero existen otro tipo de críticas que nos dicen que, por el contrario, no
cumplimos con nuestro deber de proteger a los creyentes. Yo
diría que se trata de una cuestión que deben juzgar otros.

»Existen críticas: dicen que algunas veces hemos sido quizá
demasiado escrupulosos. O que hemos actuado de una forma
que va contra los Evangelios, como dice Kung, como dicen muchos. O que simplemente no deberíamos existir, que "el trigo" y
la "cizaña" deberían poder crecer juntos.

»Y esta crítica es quizá una continuación de mi propio pensamiento y de mi confianza en el Señor, que nos dijo: "Dejad

que el trigo y la cizaña crezcan juntos. No podéis vosotros limpiar este campo." No en el sentido de dejar que todo valga, sino afirmando que no podemos seguir todo y purificarlo todo.

»Tenemos que hacer dos cosas. Tenemos que hacer lo que podamos para permitir que la luz de la fe resplandezca, de modo que sea evidente que *existe* una doctrina, que *existe* una fe y que la fe es *esta...* Yo creo que este es el primer punto.

»Si no hay una exposición positiva, en la que uno pueda ver "Mira, esta es la fe", cualquier intento de vigilar sus posibles distorsiones se moverá en el vacío.

»Así pues, este me parece a mí el primer deber que tenemos: afirmar nuestra fe. Y hemos hecho algo esencial en este sentido al publicar el *Catecismo de la Iglesia católica* (en el otoño de 1992) de modo que uno pueda de verdad darse cuenta de que: "Sí, la Iglesia tiene una doctrina, y su doctrina es esta."

»El segundo punto es: tenemos que apoyar cuanto podamos todo el sistema de responsabilidad en la Iglesia. Para mí, creer que Roma lo tiene que corregir todo es una concepción errónea de su primacía.

»No. Roma debe comprometerse, junto con el colegio de obispos, a que haya pastores que todos juntos, de verdad, y en la gran comunión de los santos y en su responsabilidad ante el Señor, actúen bajo el temor de Dios, y no bajo el temor a los hombres. Deben actuar juntos para hacer posible una fe que sea libre. Y deben actuar al unísono para aportar claridad allí donde ha habido engaño, allí donde una palabra humana se presenta como una palabra de la fe.

»Lo que quiero decir es que no podemos depender completamente de la primacía. Debemos reforzar todos los elementos de la Iglesia, a todos aquellos en puestos de responsabilidad, de modo que funcionen con fluidez».

¿Conservador o radical?

«¿Tienen razón», pregunté, «aquellos que dicen que usted es un "ultra-conservador"?»

«Yo diría que la labor es conservadora», contestó Ratzinger, «en el sentido de que debemos preservar el depósito de fe, como dicen las Sagradas Escrituras. Debemos conservarlo. Pero conservar el depósito de fe implica siempre alimentar una fuerza explosiva contra los poderes que en este mundo amenazan la justicia y amenazan a los pobres».

«Suena como si fuera conservador y radical a la vez. Pero pocos lo califican así. ¿Cree que no le han interpretado bien?»

«Cierta parte de los medios, desde luego que no».

«¿Sufre por ello?»

«Hasta cierto punto, sí», dijo Ratzinger. «Pero, por otra parte, soy un poco fatalista. El mundo es lo que es. Y vive a base de imágenes simplificadas...»

Una profunda contradicción marca la vida de Benedicto. Quería ser un académico, un hombre de letras y estudio y, sin embargo, se vio obligado a abandonar su puesto en la universidad y convertirse en un funcionario de la Iglesia, en un administrador. Todos los ascensos eclesiásticos que ha obtenido —incluso el definitivo, al trono de Pedro— han ido en contra de la vida que él hubiera querido llevar.

El hombre que más ha influido en el pensamiento de Benedicto, San Agustín, tuvo un problema similar. «San Agustín escogió vivir como un erudito», escribe Benedicto en sus *Memorias*, inspirándose en la vida de San Agustín para comprender la suya propia. «Pero Dios le había destinado a ser una "bestia de carga", a ser la robusta res que tira del carro de Dios en este mundo». Benedicto veía que ese era también su destino: ser una especie de «mula» o «animal de tiro» que llevara la carga que Dios había puesto sobre sus espaldas.

La grandeza de San Agustín

«Entre sus profesores, ¿quién le ha influido más en su formación intelectual y espiritual?», le pregunté. «¿San Agustín?»

«Siempre el gran maestro, sí», me respondió.

«¿Ha sido el que más ha influido en su formación?»

«Sí, sin duda. Ha tenido una influencia muy importante en mi pensamiento y siempre le consideraré mi gran maestro.

»Pero, naturalmente, después empecé a estudiar también a otros: Buenaventura, por ejemplo. También a Tomás de Aquino. También a los Padres Griegos, en particular a Gregorio de Nicea».

El estudio de la Palabra del Señor

«Ante todo, debo decir, siempre he estudiado mucha exégesis, que es la interpretación de las Escrituras. Fue precisamente San Agustín quién me llevó a las Escrituras. Por este motivo, para mí, siempre fue fundamental, y todavía lo es, estudiar y meditar profundamente la Palabra de Dios.

»Y esta es la razón por la cual he participado tanto en la batalla sobre la exégesis, sobre cómo interpretar las Sagradas Escrituras.

»He aprendido mucho de la moderna exégesis bíblica, pero he comprendido también que con ella no basta para penetrar en la plenitud de las Escrituras. Por eso he tratado siempre de combinar una sólida exégesis crítica con la gran exégesis de los Padres, es decir, con la exégesis teológica.

»Esto supone la unidad de las Escrituras y supone también la "eclesialidad" de las Escrituras, una lectura litúrgica y eclesial de las Escrituras.

»Este estudio de las Escrituras sigue siendo, para mí, junto con la reflexión sobre la liturgia —ambas coinciden, pues la liturgia *es* el gran tema de las Escrituras, es una parte de la

Iglesia—, casi la piedra de toque de mi trabajo teológico. Lo que busco es la forma de determinar la contribución real de la exégesis crítica para integrarla con la lectura litúrgico-eclesial de las Escrituras».

La lucha entre la fe y la modernidad

«Y me parece que toda la lucha entre la modernidad y lo verdaderamente eclesiástico y también la discusión sobre las verdaderas intenciones del Concilio Vaticano II se concentran aquí.

»Porque aquí está el problema: ¿Debemos aceptar la modernidad totalmente o sólo en parte? ¿Realmente aporta algo? ¿Puede enriquecernos esta manera moderna de pensar, aportarnos algo, o no? Y si el pensamiento moderno, crítico, aporta algo, como lo hizo la Ilustración, ¿cómo puede reconciliarse con las grandes intuiciones y dones de la fe?

»¿O deberíamos, en nombre de la fe, rechazar la modernidad? ¿Comprende?

»Parece que este dilema está siempre presente: o bien debemos rechazar toda la tradición, toda la exégesis de los Padres, relegarla a las bibliotecas como históricamente insostenible, o bien debemos rechazar la modernidad.

»Y creo que el don, que la luz de la fe, debe prevalecer. Pero la luz de la fe tiene también la capacidad de asimilar las auténticas luces humanas y, por ese motivo, las luchas sobre la exégesis y la liturgia deben, para mí, contemplarse dentro de esta gran lucha, que hace época sobre cómo la cristiandad, sobre cómo lo cristiano responde a la modernidad, al desafío de la modernidad».

«Ha usado usted la expresión "lucha que hace época"...» dije.

«Sí».

«Bueno, como mínimo, eso quiere decir que se trata de una lucha de enorme importancia histórica...»

«Así es, sin duda...»

La «verdadera» intención del Concilio Vaticano II: «sanar la modernidad»

«Y me parece», continuó, «que esa fue la verdadera intención del Concilio Vaticano II, ir más allá de una apologética infructuosa y excesivamente estrecha de miras a una verdadera síntesis con los elementos positivos de la modernidad, pero al mismo tiempo, por decirlo de algún modo, transformar la modernidad, curarla de sus enfermedades mediante la luz y la fuerza de la fe.

»Puesto que la intención de los Padres del Concilio fue curar y transformar la modernidad, y no simplemente sucumbir ante ella o fundirse con ella, las interpretaciones que enuncian el Concilio Vaticano II en términos de desacralización o profanación son erróneas.

»Es decir, el Vaticano II no debe interpretarse como un deseo de rechazar la tradición y adaptar la Iglesia a la modernidad, provocando con ello que la Iglesia se torne vacía y pierda la palabra de la fe.»

La necesidad de curar al mundo laico

«San Agustín, como sabes, fue un hombre que, por una parte, había estudiado en profundidad a los grandes filósofos, la literatura profana del mundo antiguo.

»Por otra parte, también era *muy* crítico con los autores paganos, incluso con Platón y Virgilio, esos grandes autores a los que tanto amaba.

»Les criticó, y con una penetrante agudeza, los purificó.

»Esta fue su manera de usar la gran cultura precristiana: purificarla, curarla y de esa forma, curándola, le confirió verdadera grandeza. Porque así entró en el hecho de la encarnación, ¿no? Y se convirtió en parte de la Palabra hecha carne.

»Pero eso se produjo sólo a través de un difícil proceso de purificación, de transformación, de conversión.

»Yo diría que la palabra clave en San Agustín, o al menos una de las palabras claves, es "conversión", y nuestra cultura también necesita una conversión. Sin conversión uno no llega al Señor. Esto es cierto tanto en lo que se refiere al individuo como en lo que atañe a la cultura...»

Y así, a Roma...

Juan Pablo II, que fue elegido Papa en 1978, le dijo a Ratzinger muy pronto que le invitaría a venir con él a Roma para que trabajara en la curia romana. «El Papa me dijo que tenía intención de convocarme a Roma. Yo le expliqué los argumentos que tenía en contra y el me repuso: "Vamos a pensarlo durante un tiempo". Luego, después del intento de asesinato (13 de mayo de 1981), volvimos a hablar sobre ello y me repitió que creía que debía mantener su decisión original. Yo objeté que me sentía tan comprometido con la teología que deseaba seguir teniendo el derecho a publicar trabajos de naturaleza privada y no sabía si eso sería compatible con esta nueva tarea».

Pero resultó que otros prefectos romanos habían escrito obras de teología a título privado en el pasado, así que el deseo de Ratzinger de seguir escribiendo no resultó un impedimento. Y así, Ratzinger fue a Roma para no volver a marcharse nunca.

Ratzinger no se convirtió en un funcionario curial cualquiera. Su puesto era el de «Prefecto de la Congregación para la Doctrina de la Fe», el puesto doctrinal de mayor rango en la Iglesia tras el del propio Papa. Ratzinger, pues, se convirtió en la persona en la curia romana que tenía el deber de proponer la fe cristiana a un mundo que, por una parte, se había vuelto insensible e indiferente (ateísmo, relativismo, nihilismo), y por otra se había vuelto entusiasta de lo antirracional (por ejemplo, los movimientos como el *New Age*, que Ratzinger calificó como un «nuevo gnosticismo»).

En una serie de conflictos intelectuales y espirituales durante los años 80 y 90, cada uno con amplias implicaciones sociales y políticas, Ratzinger implementó un plan cuidadosamente pensado para la renovación intelectual y espiritual de la cristiandad.

Al hacerlo, se expuso a los feroces ataques de sus críticos, que le llamaron el *«Panzer Kardinal»* y argumentaron que malinterpretaba el mensaje del cristianismo y dividía a la Iglesia.

Sus críticos más salvajes le describían como un «inquisidor» distante y frío, prisionero del boato del poder.

Sus defensores respondían que de ningún modo era un cruel inquisidor, sino un tranquilo y amable «profesor» que desprendía un aire de serenidad y santidad.

Para Ratzinger, el mundo moderno presenta dos caras o facetas.

Por un lado, la ciencia ha dado al hombre un poder sobre la naturaleza con el que jamás soñó, un poder que alcanza incluso a su propio código genético.

Pero, al mismo tiempo, afirma Ratzinger, la poda de antiguas devociones y el rechazo de las antiguas actitudes de reverencia religiosa por la vida humana y por las personas, enseñadas por el cristianismo —y también por otras religiones— han dejado al hombre moderno expuesto a gravísimos peligros.

Ratzinger teme que los hombres y mujeres individuales no hallen significado y esperanza en este mundo en el que Dios está ausente y teme que la sociedad en general, al «echar por la borda» todo lo divino, todo lo sagrado, en nuestro moderno rechazo de Dios, haya preparado al mundo para la emergencia de una tiranía más cruel y peligrosa que cualquier otra que hayan visto los siglos.

Es contra este peligro contra el que Ratzinger ha luchado durante sus veinticinco años como Prefecto de la Fe en Roma.

El lema del escudo de armas de Ratzinger está tomado de la

Tercera Epístola de San Juan: «Cooperadores de la verdad». Es un lema que resume el trabajo de su vida: hablar de la verdad en el amor, contra viento y marea, contra la oposición y la incomprensión, con humildad y valor.

¿Demasiado negativo?

Toda corte necesita al menos una persona que diga la verdad. Todas las cortes, como los gobiernos de cualquier tipo, corren un grave riesgo: que los miembros de la corte, temerosos de «hacer olas», temerosos de irritar al líder, al director general, al «jefe», permanezcan en silencio incluso cuando emerjan problemas reales que necesitan abordarse.

En la corte que es la Ciudad del Vaticano, la voz que durante veinticinco años no tuvo miedo de enfrentarse a los problemas de verdad y, en consecuencia, la voz que a menudo fue tachada de «demasiado negativa» o «demasiado pesimista» fue la del cardenal Ratzinger.

A principios de los años 80, fue Ratzinger el que se atrevió a levantar la voz contra el apabullante consenso liberal de que el Concilio Vaticano II (1962–1965) había dado paso a una «nueva primavera» de la Iglesia. En su extensísima entrevista en 1984 con Vittorio Messori, *The Ratzinger Report,* el cardenal alemán expresó su preocupación con lo que, en aquellos tiempos, fue una franqueza asombrosa: «Ha llegado la hora de recuperar el valor de no ser conformistas», dijo, «la capacidad de oponerse a muchas de las tendencias de la cultura que nos rodea, renunciando a una cierta eufórica solidaridad posconciliar».

Fue este valor inconformista lo que Ratzinger, prácticamente solo, parecía expresar. Y fue en este contexto en el que, en esa misma entrevista de 1984, Ratzinger lanzó un llamamiento

(N. de la t.) Existe edición en español: *Informe sobre la fe*, Biblioteca de Autores Cristianos, Madrid, 2005.

—para consternación de muchos— a una «restauración» de la doctrina y la disciplina católicas que «cerraran la primera fase del período posconciliar».

Ratzinger recibió críticas de progresistas que decían que la palabra «restauración», con todas sus connotaciones negativas —la restauración de las monarquías europeas, por ejemplo—, jamás debía haber sido pronunciada.

Conforme pasó el tiempo, Ratzinger fue abandonando el término «restauración» y empezó a hablar de la urgente necesidad no de una «restauración» sino de una «reforma de la reforma».

Esa expresión, en los años que han transcurrido desde 1984, se ha convertido en su frase emblemática. Con ella, quiere decir que se deben paliar los excesos y exageraciones en la vida y el pensamiento católicos que entraron en la Iglesia a partir 1965, «restaurando» la fe y la práctica perenne y ortodoxa.

La amistad de Juan Pablo II y Ratzinger

En una entrevista con el periodista alemán Peter Seewald en 1996, Ratzinger describió su relación con el Papa Juan Pablo II.

«Se dice», empezó diciendo Seewald, «que el Papa a veces le tiene miedo y que en alguna ocasión ha exclamado: "¡Por el amor de Dios! ¿Que diría el cardenal Ratzinger?"»

Divertido, Ratzinger contestó que puede que el Papa lo hubiera dicho bromeando, pero que «¡Seguro que no me tiene miedo!»

Durante veinticinco años, Juan Pablo y Ratzinger se reunieron cada viernes por la tarde. Así es como Ratzinger describía una de estas típicas reuniones: «Yo espero, luego llega el Papa, nos damos la mano y nos sentamos en la mesa. Charlamos un momento sobre temas privados que no tienen nada que ver con la teología. Luego suelo presentar los temas más urgentes, el Papa me hace preguntas e intercambiamos opiniones».

Con respecto a ciertos temas, Juan Pablo no se formaba una opinión hasta después de haber escuchado a Ratzinger.

«Por ejemplo, en la cuestión de cómo se debía recibir a los conversos anglicanos», recordó Ratzinger. «Para hacerlo, había que encontrar la fórmula jurídica correcta. No se metió demasiado en los detalles, diciendo sólo: "Sean abiertos"».

En otros asuntos, Juan Pablo se implicó intensamente. «Por ejemplo», dijo Ratzinger, «en todo lo que tuviera que ver con la moral, la bioética, la ética social o todo lo que tuviera que ver con la filosofía. Todas estas cuestiones le interesan muy personalmente y, en consecuencia, en estos puntos se generaron conversaciones muy intensas». Estos debates tenían lugar en alemán, una lengua que Juan Pablo II dominaba.

Sin resultados mesurables

Ratzinger jamás imaginó que él solo cambiaría el rumbo de la historia. «Los caminos del Señor no llevan rápidamente a resultados mesurables», le dijo Ratzinger a Seewald. «Cuando los discípulos le preguntaron a Jesús qué era lo que sucedía, les contestó con la parábola del grano de mostaza, con la de la levadura y con muchas parábolas similares».

Ratzinger parece aceptar el hecho que durante las siguientes décadas y siglos la Iglesia puede verse enfrentada a una presión política y cultural cada vez mayor, como sucedió en los primeros siglos de la era cristiana.

«Quizá debamos abandonar la idea de iglesias nacionales o de masas», dice Ratzinger. «Es probable que se presente ante nosotros una época diferente en la historia de la Iglesia, una nueva época en que la cristiandad se encontrará en la posición del grano de mostaza, en pequeños grupos aparentemente sin influencia que a pesar de ello vivirán intensamente dando testimonio contra el mal y trayendo el bien al mundo. Veo que un movimiento de este tipo ya se ha iniciado».

¿Qué esperanzas de renovación ve? No en la recuperación de un «sistema antiguo y esclerótico» sino en el reconocimiento de la Iglesia como «algo nuevo y deseable, algo verdaderamente magnífico».

Pero sólo aquellos que hayan logrado «trascender la experiencia de la modernidad» serán capaces de verlo.

La visión de Ratzinger es la de un futuro en el que la «modernidad» ya no defina la agenda espiritual o intelectual, el marco en el que se conciben alternativas («fe» contra «razón», «ciencia» contra «religión»), sino que se haya dejado atrás por completo.

En este sentido, la visión de Ratzinger es verdaderamente radical: la «modernidad» y la «posmodernidad» ya no son conceptos que aparezcan en su pantalla intelectual; la «modernidad» ya ha sido sobrepasada por la concepción del mundo cristiana que está emergiendo de las profundidades de la crisis posconciliar. «Debemos ser todavía más conscientes del hecho de que ya no sabemos lo que es la cristiandad», dijo Ratzinger. «Por poner un ejemplo: ¿Cuántas imágenes de las que hay dentro de una iglesia ya no significan nada para la mayoría de la gente? Nadie sabe ya qué significan. Incluso conceptos que eran todavía muy familiares a todos hace una generación, como "sagrario", se han vuelto desconocidos».

¿Qué se necesita en esta situación? «Una renovada curiosidad por el cristianismo, un deseo de entender lo que realmente es».

¿Y qué es la cristiandad, en realidad? No una teología, ni una recopilación de ideas, sino un suceso, un hecho: la encarnación y muerte de Cristo en la cruz.

«Lo esencial no es que Cristo enunciara ciertas ideas —que lo hizo, por supuesto— sino que soy cristiano en la medida en la que creo en el siguiente hecho: que Dios vino al mundo y actuó en él», le contó Ratzinger a Seewald.

Los «modelos» personales de Ratzinger son los individuos que «escuchan a sus conciencias» y sitúan lo que es bueno y correcto por encima de «la aprobación de la mayoría», hombres como Tomás Moro, John Henry Newman y el pastor protestante Dietrich Bonhoeffer, perseguido por los nazis.

«Mi propósito más hondo», le dijo a Seewald, «especialmente durante el Concilio, fue siempre limpiar el verdadero núcleo de la fe de elementos incrustados, restaurarle su energía y su dinamismo. Este impulso es la verdadera constante de mi vida. Para mí, lo importante es no haberme desviado nunca de esta constante, que caracteriza mi vida desde la infancia, y haber permanecido fiel a la dirección fundamental de mi vida».

Combates individuales

El cardenal Joseph Ratzinger llegó a Roma en enero de 1982. Durante los siguientes veintitrés años fue el principal alto cargo doctrinal del Papa Juan Pablo II, y ahora ha sucedido a Juan Pablo en el trono de Pedro como Benedicto XVI. Parece ahora seguro que pasará el resto de su vida en Roma.

Los años romanos de Ratzinger se han visto marcados por una serie de conflictos teológicos profundamente importantes. Cada uno de estos conflictos parecía enfrentar a Ratzinger con un solo teólogo, de modo que los años 80 y 90 parecieron una serie de combates individuales sobre la verdad doctrinal entre una serie de atrevidos teólogos y el prefecto de la fe en Roma. La prensa siguió de cerca estos enfrentamientos, que en ocasiones se convirtieron en espectaculares acontecimientos en los medios. El resultado fue que Ratzinger se convirtió en el hombre más conocido de la Iglesia católica tras el propio Wojtyla.

La «ausencia» de Dios

El «hilo dorado» que explica por qué Ratzinger escogió luchar las batallas en las que combatió es la convicción de que la gran crisis de nuestro tiempo es la «ausencia de Dios».

Para Ratzinger, toda la historia moderna está determinada por este progresivo «abandono» de Dios, de lo trascendente, de lo sagrado, tanto en la vida personal como en la sociedad. En una palabra, el mundo se ha «secularizado».

La palabra «secularizado» significa «conforme al *saeculum*», es decir, completamente separado de todo lo que tenga que ver con Dios, lo sagrado y lo santo.

«*Saeculum*» es la palabra que los romanos utilizaban para describir todo el universo material. Literalmente, quiere decir «esta era».

Según las creencias cristianas, hay «otra era» que está por llegar y que conocemos como el «Reino de Dios». Estos conceptos son ideados con gran profundidad en la teología de San Agustín, y Ratzinger se vio, como hemos visto, muy influenciado por San Agustín.

El análisis de la modernidad como un período de implacable «secularización» es la clave principal para comprender cómo piensa Ratzinger. Ratzinger ha dedicado todo su intelecto y voluntad a descubrir una forma de detener y revertir este proceso de «secularización». Y ello le ha enfrentado directamente contra la inmensa mayoría de los grandes pensadores de nuestros tiempos.

El proceso de «secularización» es, por supuesto, inmensamente complejo, y sería un error simplificarlo en exceso, pero no es totalmente falso decir que los grandes profetas del secularismo fueron los filósofos de la Ilustración francesa, los filósofos liberales y humanistas ingleses y los tres pilares fundamentales de sendas escuelas de pensamiento: Karl Marx (comunismo),

Charles Darwin (la evolución a partir de la selección natural) y
Sigmund Freud (el psicoanálisis del inconsciente).

En el mundo intelectual creado por el pensamiento de Marx,
Darwin y Freud —cuyas ideas, o elementos de ellas, han trans-
cendido a todas las capas de la sociedad, incluso a la gente corriente, a principios del siglo XXI debido a la popularización de
su pensamiento— hay muy poco espacio para ningún concepto
de «Dios».

La vida política, para los verdaderos comunistas, se reduce a
los enfrentamientos ideológicos de clases económicas que se
mueven por intereses puramente económicos.

El desarrollo de la vida, y de la vida humana en particular, es
para los darwinistas un proceso determinista, gobernado por el
azar y dependiente de un espacio y tiempo casi infinitos.

Y, para los freudianos, la mente y la conciencia humanas
deben entenderse en su totalidad como el producto de impulsos
hormonales y de represiones y obsesiones infantiles.

Para Benedicto, estos filósofos del secularismo han «sem-
brado vientos y cosechado tempestades».

Las ideologías del siglo XX, con su tajante convencimiento de
su propósito histórico —«sabían» que tenían «razón» y que la
historia estaba «de su parte»—, sobre todo el nacionalsocialismo, el fascismo y el comunismo, conllevaron algunas de las
mayores atrocidades contra los seres humanos que el mundo
haya visto jamás.

Benedicto, que vivió este terror, experimentó en carne propia
la arrogancia de los nazis y escuchó como su padre criticaba por
las noches su bárbara conducta, está convencido de que la humanidad debe cambiar de rumbo o corre el riesgo de tener que
enfrentarse a atrocidades y barbaries todavía mayores en las décadas por venir. Es esta convicción de la amenaza que se cierne
tras las nuevas ideologías y filosofías antihumanas lo que le ha

llevado a embarcarse en las batallas en las que tan incansablemente ha luchado.

Su trabajo se ha centrado en tres batallas claves: en los años 80, en la batalla sobre la teología de la liberación, donde su lema fue «libertad» cristiana en lugar de «liberación» marxista; en los años 90 y en el nuevo milenio, en la batalla contra el relativismo, en la que su consigna ha sido «la verdad existe» contra «no hay verdad»; finalmente, desde 1982 hasta 2005, en una serie de batallas sobre la forma en que la Iglesia debe adorar a Dios, lo que en el mundo católico se denomina la «liturgia» —todo ese conjunto de oraciones, acciones y rituales que comprenden la adoración de la Iglesia a Dios, las acciones que demuestran el amor que tienen a Dios la Iglesia y los creyentes— donde sus lemas han sido «comunión» y «amor» contra las falsas interpretaciones del culto, la comunión cristiana y otros aspectos de la religión.

Así pues, entre los años 1981 y 2005, el trabajo de Ratzinger fue una calculada defensa de la visión cristiana del hombre, la sociedad y el universo —de la libertad, la verdad y el amor— contra la perspectiva secular dominante en nuestro tiempo.

Teología de la liberación

«Teología de la liberación» es la expresión acuñada para describir una escuela teológica con raíces en Europa y ramas en América Latina, África, Asia... por todas partes del mundo.

La idea esencial de la teología de la liberación es que la fe cristiana no debe restringirse a estudiar la Biblia y adorar a Dios durante los servicios religiosos, sino que debe implicarse en una lucha política y social para conseguir una sociedad humana mejor y más justa.

Y el peligro esencial de la teología de la liberación, desde el punto de vista de Ratzinger, es que precisamente este énfasis en los «resultados» en este mundo puede tentar a los teólogos de la liberación a ir por un camino maquiavélico y justificar la violencia, incluso contra inocentes, para conseguir el éxito de «la causa».

En pocas palabras, la persona se ve engullida, y a veces arrollada, por una «ideología» que tiene un único objetivo.

Los teólogos de la liberación también usan las categorías marxistas para describir las relaciones dentro de la Iglesia como una manifestación de la «lucha de clases» entre los laicos y el clero.

Esta «politización» de la vida mística de la Iglesia preocupaba especialmente a Ratzinger. Sentía que era una mala interpretación de la vida cristiana y de las vocaciones cristianas al sacerdocio, y que introducía criterios «terrenales» en el análisis de las relaciones internas (eclesiásticas) de la Iglesia. Por esta razón, afirmó que la teología de la liberación comporta a menudo una falsa «eclesiología», una interpretación errónea de lo que es la Iglesia, de cómo se organiza y de hacia dónde se dirige y por qué.

La batalla sobre la teología de la liberación llegó a un punto crítico en 1984. En ese año, un joven teólogo franciscano de Brasil, Leonardo Boff, que había escrito de forma elocuente sobre la necesidad de una mayor justicia social en la sociedad brasileña y dentro de la Iglesia católica, fue invitado a Roma por Ratzinger para «conversar».

La prensa de todo el mundo se volvió loca. Boff, vestido con su hábito franciscano y luciendo una tupida barba, apareció de súbito como una figura gallarda y profética. Los medios de comunicación le adoraban. Ratzinger, con su forma de ser reservada, tranquila y germánica, parecía designado por Hollywood para interpretar el papel del «Gran Inquisidor» que «interrogaría», y quizá incluso castigaría, al audaz, creativo y apasionante teólogo brasileño.

Boff había escrito un libro en 1981, a los cuarentaiún años de edad, titulado *Iglesia: Carisma y poder.** En él, Boff había afirmado: «El poder sagrado ha sido objeto de un proceso de expropiación de los medios de producción religiosa por parte del clero, en detrimento del pueblo cristiano». Había proseguido atacando «el poder piramidal del Vaticano». La comisión diocesana de la Iglesia en Río de Janeiro criticó el libro. Boff escribió una respuesta a las críticas y, el 12 de febrero de 1982, envió la réplica también a Roma. Ratzinger acababa de empezar en el cargo, así que este asunto fue el primer caso que encontró en su nuevo puesto. Leyó los escritos de Boff, las críticas a esos escritos y las réplicas de Boff a las críticas. El 15 de mayo, Ratzinger escribió a Boff diciéndole que algunas de sus críticas le parecían válidas. Ratzinger dijo que la crítica que Boff hacía a la estructura de la Iglesia estaba caracterizada por una «agresión radical». Preguntó: «¿Está tu razonamiento en estas páginas guiado por la fe o por principios de naturaleza ideológica inspirados en el marxismo?»

Ratzinger concluyó invitando a Boff a «conversar» para «aclarar» las cosas. Boff aceptó. Se fijó la entrevista para el 7 de septiembre de 1984.

«*¿Le apetece una taza de café?*»

Ese día, a las 9:40 a.m., un Volkswagen negro con matrícula del Vaticano llegó a la Curia General franciscana en Roma para recoger a Boff y llevarle a la reunión con Ratzinger. Boff, bromeando, estiró los brazos y dijo: «Pueden esposarme». El coche regresó al Vaticano. Con Ratzinger estaba monseñor Jorge Mejía, hoy cardenal. La conversación empezó a fluir. El clima era relajado y amistoso.

---

* *(N. de la t.)* Edición en español: *Iglesia, carisma y poder: ensayos de eclesiología militante*, Editorial Sal terrae, Maliaño, 2002.

En un momento dado, Ratzinger miró a Boff y le preguntó: «¿Le apetece una taza de café? Debe estar usted cansado...» Boff aceptó.

Allí se detuvo la conversación mientras los tres hombres tomaban café. Mientras lo hacían, Ratzinger se fijó en el largo hábito franciscano de Boff: «Le sienta bien esa ropa, padre. Además, con ella envía usted una señal al mundo».

«Es bastante difícil llevarla», contestó Boff, «con el calor que hace en nuestra parte del mundo».

«Pero precisamente por ello la gente verá su devoción y su paciencia y dirán: está pagando por los pecados del mundo», dijo Ratzinger.

«Por supuesto, necesitamos signos de trascendencia», contestó Boff. «Pero no nos son dados por la ropa. Es el corazón lo que se debe poner en orden».

«Los corazones no se pueden ver», contestó Ratzinger. «Algo debe ser convertido en un signo visible».

«Este hábito puede ser también un símbolo de poder», dijo Boff. «Cuando lo llevo y me subo a un autobús en la ciudad, la gente se levanta y me dice: "Tome mi asiento, padre". Pero debemos ser siervos».

La pausa del café concluyó y se reemprendió la discusión. Duró tres horas más. Y al día siguiente la prensa de todo el mundo apareció llena de la historia de la «inquisición» a la que se había sometido a Boff y de la pausa para el café donde el cardenal le pidió al fraile que llevara el hábito de su orden.

El 21 de marzo de 1985 el periódico del Vaticano, el *Osservatore Romano*, publicó una «notificación» sobre el libro de Boff. «Nos sentimos obligados a declarar que las opciones de Leonardo Boff aquí analizadas son de tal naturaleza que ponen en peligro la doctrina de la fe, que esta Congregación tiene encomendado promover y defender». Ciertos puntos de los escritos de Boff se consideraron «insostenibles». El 26 de abril se le pidió a Boff que mantuviera un año de silencio antes de volver a escribir sobre el tema. Boff accedió. En 1992 perdió su puesto de profesor y poco después abandonó la orden franciscana.

Documento sobre la teología de la liberación

El 6 de agosto de 1984 Ratzinger publicó su *Instrucción en ciertos aspectos de la «teología de la liberación»*. Su principal objetivo: prevenir en contra de una «falsa liberación» de los evidentes males sociales que impediría a la gente abrazar la «verdadera liberación» que ofrecía Jesucristo.

«La liberación», escribió, «es ante todo la liberación de la radical esclavitud del pecado. Su fin y su objetivo es la libertad de los hijos de Dios, en que consiste el don de la gracia.

»Como consecuencia lógica, pide la libertad de muchos tipos de esclavitud en las esferas de lo cultural, económico, social y político, todas ellas derivadas en último termino del pecado, y a menudo impide que la gente viva de forma adecuada a su dignidad».

Y añadió además, refiriéndose al análisis marxista: «Al verse enfrentados con la urgencia de determinados problemas, algunos se ven tentados de enfatizar, unilateralmente, la liberación de una servitud de tipo terrenal y temporal. Lo hacen de una manera en que parece que la liberación del pecado quede en un segundo lugar y, de ese modo, no le dan la importancia primordial que tiene. Así pues, la misma forma en que presentan los problemas es confusa y ambigua. Otros, en un intento de comprender con mayor exactitud cuáles son las causas de esa esclavitud con la que quieren terminar, utilizan conceptos diversos sin las suficientes precauciones críticas».

Resumió su punto de vista sobre el tema con las siguientes palabras: «Esta advertencia no debe en absoluto interpretarse como un reproche a todos aquellos que quieren responder generosamente y con genuino espíritu evangélico a la "opción preferente por los pobres". No debe jamás servir como una excusa para aquellos que mantienen una actitud neutra e indiferente frente a los trágicos y urgentes problemas de la miseria y la injusticia humanas. Muy al contrario, está dictada con la certeza de que las graves desviaciones ideológicas a las que apunta tienden inevitablemente a traicionar la causa de los pobres».

Luego lanzó su reto: «Más que nunca, es importante que muchos cristianos, cuya fe es diáfana y que viven con plenitud el compromiso cristiano, se impliquen en la lucha por la justicia, la libertad y la dignidad humana por su amor a los hermanos y hermanas que no tienen nada, que están oprimidos o que sufren persecución. Más que nunca, la Iglesia pretende condenar los abusos, las injusticias y los ataques contra la libertad allí donde ocurran y los cometa quien los cometa. Pretende luchar, con sus propios medios, por la defensa y la promoción de los derechos humanos, y especialmente por los pobres».

La cuestión, según Ratzinger, era que Boff y otros teólogos de la liberación habían confundido el núcleo real del problema, que, dice, reside en la voluntad de la persona individual y no en estructuras sociales opresivas: «Nadie puede ubicar el mal principalmente o únicamente en "malas" estructuras sociales, políticas o económicas como si todos los demás males procedieran de ella de tal modo que la creación del "hombre nuevo" dependiera del establecimiento de estructuras económicas y sociopolíticas distintas. Es bien seguro que hay estructuras que son malignas y que son causa de muchos males y debemos tener el valor de cambiarlas. Pero las estructuras, sean buenas o malas, son producto de las acciones humanas y, por tanto, son más consecuencias que causas. La raíz del mal, pues, reside en personas libres y responsables que deben ser convertidas por la gracia de Jesucristo para que actúen y vivan como nuevas criaturas en el amor al prójimo, en la búsqueda efectiva de justicia y autocontrol y en el ejercicio de la virtud».

Al errar en el origen del problema, también fallan al no darse cuenta de la verdadera solución: la presencia de Dios. Para Ratzinger, «la sensación de angustia que genera la urgencia de los problemas no nos puede hacer perder de vista lo esencial ni olvidar la respuesta de Jesús cuando le tentaron: "No sólo de pan vive el hombre, sino de toda palabra que sale de la boca de Dios" (Mateo 4:4; cfr. Deuteronomio 8:3). Enfrentados a la urgencia de compartir el pan, algunos sienten la tentación de hacer un paréntesis en la evangelización, por decirlo de algún modo, y posponerla hasta mañana: primero el pan, luego la Palabra del Señor. Es un error fatal separar ambas cosas y es incluso peor oponer una a la otra. De hecho, la perspectiva cristiana muestra naturalmente que tienen mucho que ver la una con la otra. A algunos incluso les parece que la necesaria lucha por la justicia humana y la libertad en el sentido político y económico constituye toda la esencia de la salvación. Para ellos, el Evangelio se reduce a un evangelio puramente terrenal».

Los teólogos de la liberación se han equivocado también al usar categorías de análisis marxista que, para Ratzinger, llevan intrínsecamente a error, pues tienen sus raíces en el ateísmo —en esa misma «ausencia de Dios» que él creía ser la verdadera causa del problema. Escribió: «Recordemos el hecho que el ateísmo y la negación de la persona humana, de su libertad y sus derechos, conforman el mismo núcleo de la teoría marxista. Esta teoría, pues, contiene errores que amenazan directamente las verdades de la fe relativas al destino eterno de las personas individuales. Más todavía, tratar de integrar en la teología un análisis cuyos criterios de interpretación se basan en el concepto de ateísmo es involucrarse uno mismo en terribles contradicciones. Lo que es más, esta mala interpretación de la naturaleza espiritual de la persona conduce a una total subordinación de la persona a la colectividad, y así a la negación de los principios de una vida social y política que se corresponda con la dignidad humana».

De hecho, argumenta Ratzinger, este tipo de teología acaba transformando las enseñanzas básicas del cristianismo en cuanto la fe, la esperanza y el amor en algo completamente ajeno a la tradición cristiana: «Siguiendo esa vía de pensamiento, algunos llegan a identificar al propio Dios con la historia y a definir la fe como la "fidelidad a la historia", lo que comporta suscribir unas ideas políticas conformes al crecimiento de la humanidad, concebido éste como puro mesianismo temporal. En consecuencia, a la fe, a la esperanza y a la caridad se les da un nuevo contenido: se convierten en "fidelidad a la historia", "confianza en el futuro" y "opciones para los pobres". Es lo mismo que decir que han sido vaciadas de su realidad teológica».

La consecuencia final, para Ratzinger, es que el amor cristiano y la comunión cristiana en la Eucaristía quedan hechos pedazos. Esta teología, en pocas palabras, desmantela por completo aquello que es la pretensión principal del cristianismo: la venida de una comunidad de amor. Ratzinger escribe: «Como resultado, la participación en la lucha de clases se presenta como un requisito de la propia caridad. El deseo de amar a todos aquí y ahora, sea cual sea su clase, y de ir al encuentro del prójimo con los medios no violentos del diálogo y la persuasión se denuncian como contraproducentes y contrarios al amor. Si uno sostiene que una persona no debe ser objeto de odio, se afirma de todas maneras que, si pertenece a la clase objetiva de los ricos, es ante todo un enemigo de clase contra quien hay que luchar. Así, la universalidad del amor al prójimo y de la hermandad humana se convierten en principios escatológicos, que sólo tendrán sentido para el "nuevo hombre" que emerja de la victoriosa revolución. En lo que concierne a la Iglesia, este sistema la contemplaría "sólo" como una realidad dentro de la historia, sujeta ella misma a aquellas leyes que se supone gobiernan el desarrollo de la historia en su inmanencia. La Iglesia, el don de Dios y el misterio de la fe quedan vaciados de cualquier realidad específica por este reduccionismo. Al mismo tiempo, se disputa que tenga sentido la participación de cristianos que pertenecen a distintas clases sociales en la misma Mesa Eucarística».

Ratzinger se esforzó mucho en dejar claro que su crítica a la teología de Boff no implicaba ninguna tolerancia de la opresión política o económica: «La advertencia sobre las graves desviaciones de algunas "teologías de la liberación" no debe tomarse como una aprobación, ni siquiera indirecta, de aquellos que mantienen a los pobres en la miseria, que se benefician de esa miseria, que se dan cuenta de que está ahí y no hacen nada para remediarla o les es indiferente. La Iglesia, guiada por el Evangelio de la caridad y por el amor a la humanidad, escucha el grito que exige justicia y responderá a él con toda su fuerza».

Y, sin embargo, fue tajante en cuanto que la lucha contra la injusticia debía llevarse a cabo, hasta donde fuera posible, de forma no violenta: «La verdad de la humanidad requiere que esta batalla se luche con medios coherentes con la dignidad humana. Es por ello que el recurso sistemático y deliberado a la violencia ciega, no importa de qué lado provenga, debe ser condenado. Confiar en métodos violentos con la esperanza de alcanzar una mayor justicia trae consigo convertirse en víctima de un espejismo fatal: la violencia genera violencia y degrada al hombre. Las víctimas muestran que es una burla a la dignidad humana y envilece esa misma dignidad en los que la practican».

Un encuentro casual

Por casualidad, estuve en Roma en septiembre de 1984 y me encontré con el cardenal Ratzinger una mañana en la plaza de

San Pedro. Yo sabía que acababa de ver a Boff, pues los medios habían difundido sin cesar el encuentro.

Tenía otro tema que discutir con él que no tenía nada que ver con Boff. Tenía que ver con mi propia investigación en la Biblioteca Vaticana sobre los inicios de la orden franciscana y sobre la influencia del pensamiento del abad calabrés Joaquín de Fiore (1135–1202) en los primeros franciscanos. Joaquín había predicado que una «nueva era» del «Espíritu Santo» estaba a punto de llegar en el siglo XIII, una era de justicia, y algunos de los primeros franciscanos se radicalizaron siguiendo esta visión y esperaban un cambio completo en las estructuras de la sociedad y de la Iglesia. La *habilitationschrift* de Ratzinger —aquella que le costó tanto que se la aprobaran— había tratado precisamente de estas cuestiones y, específicamente, sobre la forma en que San Buenaventura, que también era franciscano, había integrado el pensamiento de Joaquín dentro de su propia teología de la historia.

Así pues, mientras paseábamos por la plaza de San Pedro, hablamos de Joaquín y de Buenaventura. Y cuando nos separamos, aventuré que «los argumentos que hoy exponen los teólogos de la liberación parecen traer ecos de algunos de los argumentos de los juaquinistas del siglo XIII...»

Y el cardenal contestó: «Sí, exactamente. Los franciscanos espirituales de aquellos tiempos y los teólogos de la liberación de hoy en día tienen muchas cosas en común».

Relativismo

La batalla contra el relativismo fue el segundo tema clave del trabajo de Ratzinger entre 1982 y 2005. En esta batalla a menudo se trataron temas de moral sexual, pero también tenía que ver con el ecumenismo y con la cuestión de si una creencia religiosa puede ser «verdad» para todos los hombres y no «relativa».

Ya el 27 de marzo de 1982 Ratzinger criticó el trabajo de la comisión que se encargaba del diálogo entre los anglicanos y los católicos por «falta de claridad» en una serie de cuestiones teológicas. En sus comentarios dijo: «acordamos que estábamos en desacuerdo».

En 1983 Ratzinger abrió una investigación al arzobispo Raymond Hunthausen, de Seattle, Washington, por sus opiniones sobre las mujeres, la homosexualidad y una serie de otras cuestiones doctrinales. Ratzinger optó por un remedio poco habitual para el disentimiento de Hunthausen: envió a un obispo asistente para que se encargara de dirigir algunos aspectos de la diócesis. Hunthausen viajó a Roma y se reunió con Ratzinger durante trece horas. Ratzinger le advirtió que no debía politizar el tema de las mujeres en la Iglesia, así como tampoco utilizar en la diócesis a ex-sacerdotes casados, casar a personas divorciadas y permitirles comulgar, ofrecer la Sagrada Comunión en escenarios ecuménicos ni conceder la absolución general de los pecados a grandes grupos.

Ratzinger no le devolvió a Hunthausen los poderes que le había quitado y lanzó una advertencia especial respecto al problema de la homosexualidad: «La archidiócesis debe abstenerse de apoyar a cualquier grupo que no acepte inequívocamente la enseñanza del magisterio relativa al pecado intrínseco de la actividad homosexual... Debe desarrollarse un ministerio compasivo hacia las personas homosexuales con el claro objetivo de promocionar su castidad. Cualquiera que represente a la archidiócesis debe poner especial cuidado en explicar claramente la posición de la Iglesia en esta cuestión».

En 1986 llegó la disputa con un teólogo moral norteamericano de la Universidad Católica de América en Washington D.C., el padre Charles Curran, sobre temas de moral sexual (contracepción, divorcio, homosexualidad). Curran, igual que Boff, viajó a Roma para reunirse con Ratzinger. No cambió de opinión, lo que le valió ser apartado de su puesto de maestro en la Universidad Católica.

Entre 1986 y 1992, Ratzinger se implicó profundamente en la preparación del *Nuevo catecismo de la Iglesia católica.* Algunos observadores afirman que el *Catecismo* fue la obra más relevante del pontificado de Juan Pablo II, y fue Ratzinger quien supervisó el proyecto hasta su conclusión. Cuando se publicó en los Estados Unidos en 1994, tras una larga batalla sobre el lenguaje políticamente correcto que al final quedó sin usarse, el *Catecismo* se convirtió en un bestseller que vendió muchos millones de ejemplares.

El 22 de febrero de 1987 se publicó una carta sobre bioética titulada *Donum Vitae* (El don de la vida) que trataba de nuevo sobre temas de moral sexual y reproductiva. La cuestión cobra cada vez mayor importancia, dados los continuos avances de las ciencias biomédicas, y es probable que sea una de los asuntos con los que deba lidiar Benedicto durante su pontificado.

El problema es de particular importancia para aquellas parejas que no pueden concebir hijos. Ratzinger es consciente del terrible sufrimiento que esa situación puede causar en una pareja.

«El sufrimiento de los cónyuges que no pueden tener hijos o que temen traer al mundo a un niño discapacitado es un sufrimiento que todos debemos comprender», escribe Ratzinger. «El deseo de tener un hijo es natural: expresa la vocación de paternidad y maternidad inscrita en el amor conyugal. Este deseo puede ser todavía mayor si la pareja se ve afectada por una esterilidad que parece incurable.

»Sin embargo», continúa, «el matrimonio no confiere a los cónyuges el derecho a tener un hijo, sino sólo el derecho a realizar aquellos actos naturales que son de por sí necesarios para la procreación. Un auténtico y verdadero derecho a un hijo sería contrario a la dignidad de ese hijo y a la naturaleza. El hijo no es un objeto sobre el que uno tenga un derecho, ni puede considerarse propiedad de nadie: más bien, un hijo es un don, "el don supremo" y el más gratuito del matrimonio, y es un testimonio viviente de la mutua generosidad de sus padres.

»Por este motivo, el niño tiene el derecho, como ya se ha mencionado, a ser el fruto del acto específico de amor conyugal de sus padres; y tiene también derecho a ser respetado como una persona desde el momento de su concepción».

Ratzinger examina con detalle en este documento todas las cuestiones que toman parte en la procreación humana. «Los valores fundamentales relacionados con las técnicas de procreación humana artificial son dos: la vida del ser humano cuya existencia se crea y la especial naturaleza de la transmisión de la vida humana en el matrimonio», escribe Ratzinger. «El juicio moral de tales métodos de procreación artificial debe en consecuencia ser formulado en relación a aquellos valores. (...) Los avances tecnológicos han hecho posible la procreación exenta de relaciones sexuales a través de la reunión *in vitro* de las células germen previamente tomadas de un hombre y una mujer. Pero que sea técnicamente factible no lo convierte de manera automática en moralmente admisible».

El cardenal continuó argumentando que el embrión humano, a pesar de ser increíblemente diminuto, débil y de no haberse desarrollado todavía, tiene una dignidad intrínseca, puesto que es humano, y por ello no puede tratársele como un mero tejido y someterlo a experimentos o matarlo. Escribió: «El ser humano merece respeto —como persona— desde el mismísimo primer instante de su existencia. La implementación de procesos de fertilización artificial ha hecho posible varios tipos de intervención sobre embriones y fetos humanos. Los objetivos que se persiguen son de diverso tipo: diagnósticos y terapéuticos, científicos y comerciales. De todo esto emergen graves problemas. ¿Puede uno hablar de un derecho a experimentar con embriones humanos para propósitos de investigación científica? ¿Qué normas o leyes deben aplicarse en este asunto?»

Al final, el documento asume una visión negativa sobre la moralidad de la fertilización *in vitro*. Uno de los motivos por los que Ratzinger no ve de forma positiva esta tecnología de fertilidad es porque, apunta, habitualmente conlleva la concepción de varios embriones y la destrucción de muchos de ellos. «En las circunstancias en las que se practica habitualmente, la fertilización *in vitro* y la transferencia de embriones comporta la destrucción de seres humanos, algo contrario a la doctrina sobre lo ilícito del aborto que hemos mencionado antes».

«Pero», continúa, «incluso en una situación en la que se tomen todas las precauciones para evitar la muerte de embriones humanos, medios homólogos de fertilización *in vitro* y de transferencia de embriones disocian del acto conyugal las acciones que están dirigidas a la fertilización humana...»

Lo que le preocupa especialmente, dice, es que dos seres humanos, un hombre y una mujer, una pareja casada que desea tener hijos, pongan su procreación en manos de expertos en tecnología. Ratzinger a menudo ha subrayado este punto: que los «expertos» entran cada vez más en esferas en las que los seres humanos corrientes deberían ser libres. Evidentemente, teme que el papel de los «expertos» en la vida sexual y en la procreación de los seres humanos se incremente de forma dramática en el futuro y que ello comporte una pérdida de privacidad, autonomía y libertad.

Escribe: «La fertilización *in vitro* y la transferencia de embriones se lleva a cabo fuera de los cuerpos de la pareja por medio de actos de terceros cuya competencia y actividad técnica determinan el éxito del procedimiento. Tal medio de fertilización confía la vida y la identidad del embrión al poder de los doctores y los biólogos y establece el predominio de la tecnología sobre el origen y el destino de la persona humana. Tal relación de predominio es en sí misma contraria a la dignidad e igualdad que debe ser común a padres e hijos».

Al final, la fertilización *in vitro,* incluso dentro de una relación marital, se considera como moralmente equivocada. Escribe: «Ciertamente, la homóloga fertilización *in vitro* y la fertilización por transferencia de embriones no está caracterizada por toda la negatividad ética de la procreación extraconyugal; la familia y el matrimonio siguen constituyendo el escenario para el nacimiento y crecimiento de los niños. Sin embargo, en conformidad con la tradicional doctrina relativa a los bienes del matrimonio y la dignidad de la persona, la Iglesia se opone desde el punto de vista moral a la fertilización *in vitro.* Tal fertilización es en sí misma ilícita y está en contra de la dignidad de la procreación y de la unión conyugal, incluso cuando se lleve a cabo todo lo posible para evitar la muerte del embrión humano».

Sin embargo, concluye: «Aunque la forma en la que se logra la concepción humana con la fertilización *in vitro* y con la transferencia de embriones no puede ser aprobada, todo niño que viene al mundo debe siempre ser aceptado como un don vivo de la divina providencia y ser criado con amor».

En 1989, publicó un «juramento de fidelidad» y pidió a todos los obispos católicos que lo pronunciaran. También publicó un documento sobre meditación oriental y budismo, diciendo que había un riesgo de «relativizar» la verdad cristiana al usar técnicas de meditación orientales como el yoga. También criticó algunas de las enseñanzas morales del padre Bernhard Haring. Además, en 1989, 163 teólogos alemanes firmaron un documento llamado la «Declaración de Colonia» diciendo que Roma —y Ratzinger especialmente— estaba entrometiéndose en la «libertad académica» de los teólogos.

Ratzinger respondió en 1990 con *Donum veritatis* (El don de la verdad): *Sobre la vocación eclesiástica del teólogo*. Afirmó que la verdad cristiana no ponía ninguna camisa de fuerza a los académicos, sino que les ofrecía una valiosa brújula para sus investigaciones y reflexiones.

A lo largo de los años 90 Ratzinger se embarcó en un constante debate con los teólogos alemanes sobre temas morales que iban desde permitir comulgar a los católicos divorciados y vueltos a casar hasta evitar que pareciera que la Iglesia participaba o aprobaba tácitamente una decisión burocrática del gobierno alemán que permitía abortar legalmente después de una consulta entre la mujer y un representante de la Iglesia.

Para poder llegar al público alemán, a finales de los años 90 Ratzinger dio el inusual paso de conceder una extensísima entrevista al periodista alemán Peter Seewald, que la publicó en un libro titulado *Salz der Erde*.* Uno de los temas clave de la entrevista fue los peligros del relativismo.

Su obra para refutar el relativismo llegó a su punto culminante con la publicación del controvertido documento *Dominus Jesus* (Jesús, el Señor) el 6 de agosto del año 2000. Aquí está el párrafo clave: «La constante proclamación misionera de la Iglesia está hoy en peligro por las teorías relativistas que buscan justificar el pluralismo religioso no sólo *de facto* sino también *de iure* (o en base a principios). Como consecuencia, se sostiene que ciertas verdades han sido reemplazadas; por ejemplo, el carácter completo y definitivo de la revelación de Jesucristo, la naturaleza de la fe cristiana en comparación con la creencia en otras religiones. (...) Las raíces de estos problemas se encuentran en ciertas suposiciones de naturaleza filosófica y teológica que perjudican

*(N. de la t.) Existe edición en español: *La sal de la tierra*, Ediciones Palabra, Madrid, 1997.

la comprensión y la aceptación de la verdad revelada. Algunas de estas suposiciones pueden mencionarse: la convicción de la elusividad e inefabilidad de la verdad divina, incluso a través de la revelación cristiana; actitudes relativistas respecto a la propia verdad, según las cuales lo que es cierto para algunos no lo sería para otros...»

Lo que molestó a muchos lectores de este documento fue la decisión de Ratzinger de acentuar la centralidad y singularidad de Jesucristo. La decisión de Ratzinger pareció en muchos círculos ecuménicos como «antiecuménica». Pero eso no le hizo cambiar su palabras: «En la reflexión teológica contemporánea emerge a menudo una aproximación a Jesús de Nazaret que lo considera una figura histórica particular y finita que revela lo divino no de un modo exclusivo, sino de manera complementaria a otras figuras salvíficas y de revelación. El Infinito, lo Absoluto, el Misterio Último de Dios se manifestaría así por muchos caminos y a través de muchas figuras históricas, una de las cuales sería el propio Jesús de Nazaret. Más concretamente, para algunos Jesús sería una de las muchas caras que el Logos ha asumido a lo largo del tiempo para comunicarse con la humanidad y salvarla».

Ratzinger dejó muy claro que los cristianos no pueden ser «relativistas» respecto a Jesucristo y seguir siendo cristianos.

«Estas tesis están en total oposición a la fe cristiana. Se debe *creer firmemente* en la doctrina de la fe, que proclama que Jesús de Nazaret, hijo de María, y sólo Él, es el Hijo de Dios y la Palabra del Padre. La Palabra que "estaba en el principio con Dios" (Jn 1:2) es el mismo que "se hizo carne" (Jn 1:14). En Jesús, "el Cristo, el Hijo del Dios vivo", (Mt 16:16), "reside toda la Plenitud de la Divinidad corporalmente" (Col 2:9). Él es "el Hijo Único, que está en el seno del Padre" (Jn 1:18), "el Hijo de su amor, en quien tenemos la redención (...) pues Dios tuvo a bien hacer residir en Él toda la Plenitud, y reconciliar por Él y para Él todas las cosas, pacificando, mediante la sangre de su cruz, lo que hay en la tierra y en los cielos" (Col 1:13–14; 19–20)».

Pero lo que más indignó a ciertas personas fue que Ratzinger llevó el argumento un paso más allá y afirmó que no sólo Jesucristo era único, sino que también lo era su «cuerpo místico», la Iglesia. Y, dijo, esa Iglesia era la Iglesia católica romana. Muchos dijeron que Ratzinger se había pasado de la raya y entrado en una polémica gratuita.

El razonamiento de Ratzinger es éste: «Jesús, Señor nuestro, el único salvador, no estableció sólo una simple comunidad de discípulos, sino que constituyó la Iglesia como misterio de salvación: Él mismo está en la Iglesia y la Iglesia está en Él (cfr. Jn 15:1 y ss.; Gal 3:28; Ef 4:15–16; Hch 9:5). Así pues, la plenitud del misterio salvífico de Cristo pertenece también a la Iglesia, inseparablemente unida a su Señor. De hecho, Jesucristo sigue presente y continúa su trabajo de salvación en la Iglesia y por medio de la Iglesia (cfr. Col 1:24–27), que es su cuerpo (cfr. 1 Co 12:12–13, 27; Col 1:18) (...)

»Se sigue de ello, en conexión con la unicidad y universalidad de la mediación salvífica de Jesucristo, que la unicidad de la Iglesia fundada por Él debe ser firmemente creída como un dogma de fe católico. Igual que sólo hay un Cristo, sólo existe un cuerpo de Cristo, una sola Esposa de Cristo: "una única Iglesia católica y apostólica" (...)

»Se requiere que los fieles católicos profesen que hay una continuidad histórica —que hunde sus raíces en la sucesión apostólica— entre la Iglesia fundada por Cristo y la católica. (...) Esta Iglesia, constituida y organizada como una sociedad en el mundo presente, subsiste en [subsistit in] la Iglesia católica, gobernada por el Sucesor de Pedro y por los Obispos en comunión con Él».

En este sentido, Ratzinger hizo todavía un comentario más

que molestó particularmente a algunos protestantes: «Las comunidades eclesiásticas que no han preservado el episcopado válido y la auténtica e integral substancia del misterio eucarístico no son Iglesias en el auténtico sentido de la palabra».

La adoración a Dios

Adoración. La palabra sueña extraña a muchos oídos modernos. ¿Qué quiere decir «adorar»? ¿Qué es «rendirle culto» a Dios? ¿Es algo que uno trata de hacer siempre que sea posible? ¿Es algo que se está obligado a hacer los domingos? ¿Requiere un ritual determinado, una conducta precisa? ¿A quién se adora, y por qué? Para Ratzinger, la adoración a Dios es lo más importante, hermoso, digno, gozoso y satisfactorio —«que da vida»— que puede hacer un ser humano. Si es así, cree, es porque Dios es «el» ser perfecto: eterno, sagrado, bueno, la fuente de todos los demás seres y de toda vida. Como tal, «merece» nuestra «adoración» como no la merece ninguna otra realidad o ser. Sólo Dios es «objeto» adecuado de la adoración humana. Es precisamente eso lo que el primero de los Diez Mandamientos revela: ninguno de los otros «dioses» son dignos de la adoración humana. Pero el Dios verdadero sí lo es.

Adorar al Dios verdadero es, para Ratzinger, acercarse a la fuente y el significado definitivos de todo lo que existe en el universo, estar «en comunión» con esa fuente mediante la oración, las canciones y otros actos rituales y, por ello, en cierto sentido, participar en la misma vida de ese ser divino que adoramos. «Adorar» a Dios es, para Ratzinger, casi lo mismo —aunque no exactamente— que «amar» a Dios. El «adorar» y el «amar» están íntimamente relacionados y entrelazados.

Puesto que así es, Ratzinger cree que saber cómo orar, cómo adorar, cómo entrar en comunión con Dios, cómo amar a Dios —y entonces recibir de Dios cierta parte, alguna partícula, cierta semejanza, de su vida divina—, se convierte en la cosa más importante y maravillosa que una persona puede hacer en este mundo.

En épocas anteriores a la moderna mucha gente estaba de acuerdo con él. Eso explica por qué en el pasado se dedicaba tanto tiempo, esfuerzo y dinero a construir grandes catedrales, a decorarlas con bellos mosaicos y pinturas, a construir grandes mezquitas, a erigir el Templo en Jerusalén y a crear instituciones y estructuras religiosas de toda clase: lo hacían porque creían que de ese modo complacían a Dios y con ello se acercaban a Él y recibían de él algo de su gracia, algún don, un don de vida... incluso la vida eterna.

Pero en el mundo secular moderno, donde nuestra gran crisis es, como Ratzinger ha enunciado, «la ausencia de Dios», el culto religioso es muchas veces un asunto marginal que a menudo se considera cosa de ancianos y niños. En el mundo occidental las iglesias se están cerrando. Algunas se han convertido en cervecerías o discotecas. Muchos sacerdotes han colgado los hábitos y pocos entran en los seminarios para reemplazarlos. Y a mucha gente le resulta difícil levantarse el domingo por la mañana para ir a la iglesia, pues ya no siente que a través del culto dominical se acerca a Dios y recibe de él la «gracia» que lleva a la vida eterna.

Durante casi veinticinco años la principal preocupación que ha guiado el trabajo de Ratzinger ha sido «reformar la reforma» del culto católico para que la adoración de la Iglesia se pueda convertir en la vibrante, intensa y fructífera adoración de Dios que se pretendió que fuera desde el principio.

El cisma

Después del Concilio Vaticano II (1962–65) sólo ha habido un cisma en la Iglesia católica. Sucedió en 1988. Quizá se trate del mayor fracaso de Ratzinger. Los orígenes de ese cisma están en la reforma de la liturgia de la Iglesia católica que se realizó tras el Concilio, aunque tuvo otras causas además de las litúrgicas. De los casi tres mil obispos que asistieron al Concilio, sólo uno, un francés llamado Marcel Lefebvre, ha roto públicamente con Roma, llevándose con él unos doscientos sacerdotes y varios cientos de miles de católicos de todo el mundo. Lefebvre murió en 1991, pero su movimiento sobrevive porque Lefebvre ordenó a cuatro obispos para que le sucedieran en una ceremonia celebrada el 30 de junio de 1988... contra la expresa voluntad del Papa. Fue este acto de consagración, y de desobediencia, lo que llevó a la excomunión de Lefebvre y de los cuatro obispos que consagró, y al consiguiente cisma.

Ya a finales de los años 60 y a lo largo de los años 70, Lefebvre argumentó que Roma se había equivocado al eliminar el latín de la liturgia y al cambiar las antiguas oraciones. Reunió a su alrededor, en un seminario en Econe, Suiza, a jóvenes que pensaban como él. Allí, la antigua liturgia latina y otros aspectos de la tradición de la Iglesia no fueron olvidados.

Pero los lefebvristas tenían un problema. En 1976 el Papa Pablo VI había pedido a Lefebvre que no ordenara a más sacerdotes en su seminario y, al resistirse Lefebvre a obedecer, Pablo le suspendió la capacidad de actuar como sacerdote. Tras la muerte de Pablo VI, en 1978, Juan Pablo II ascendió al trono de Pedro. Tenía la esperanza de resolver el asunto de Lefebvre, pero no pudo. Finalmente, en 1988, los lefebvristas acudieron al cardenal Ratzinger en busca de comprensión. A lo largo del invierno y la primavera de 1988, Ratzinger y Lefebvre, ayudados por un pequeño equipo de asesores teológicos, consiguieron perfilar un «Protocolo de Acuerdo» que contenía un marco teológico y jurídico para que Lefebvre y sus seguidores pudieran volver a la plena comunión con la Iglesia.

Ratzinger y Lefebvre firmaron ese protocolo el 5 de mayo de 1988. Según los términos del acuerdo, Lefebvre recuperaba sus facultades como sacerdote y se le concedía el derecho a nombrar a su sucesor como obispo. Se debía nombrar una comisión romana formada por siete miembros para que supervisara a la comunidad, con dos de los siete miembros procedentes de la comunidad lefebvrista. A cambio, Lefebvre, un poco a regañadientes y de forma provisional, accedería a someterse a Roma y a la interpretación que Roma hacía del Concilio Vaticano II. «Prometemos ser siempre fieles a la Iglesia Católica y al pontífice romano, su pastor supremo», acordó Lefebvre. «En lo que respecta a ciertos puntos establecidos por el Concilio Vaticano II o relativos a las posteriores reformas de la liturgia y el derecho canónico, y que nos parece difícil conciliar con la tradición, nos comprometemos a mantener una actitud positiva de estudio y comunicación con la Santa Sede, evitando toda polémica».)

Para Ratzinger, ese acuerdo fue un triunfo personal. Muchos en la curia romana creían que no sería posible (o deseaban que no lo fuera) que Lefebvre se reconciliara con Roma. Ratzinger había conseguido lo que parecía (casi) imposible.

Pero sólo duró un día. La mañana de 6 de mayo de 1988, Lefebvre envió una nota escrita a mano a Ratzinger. El arzobispo francés insistía en que tuviera lugar la ordenación de sus sucesores en la Sociedad de San Pío X el 30 de junio, tal y como tenía previsto la Sociedad, y en que se le permitiera ordenar a más de un obispo, pues uno no sería suficiente para llevar a cabo todo el trabajo que requería la comunidad, entonces ya extendida a muchas partes del mundo. También insistió en que la Sociedad tuviera la mayoría en la comisión romana que se establecería para supervisarla.

Roma tenía otras ideas. Los funcionarios vaticanos querían que Lefebvre sometiera los nombres de los candidatos que proponía al episcopado a la Congregación del Vaticano para los Obispos, para que los informes de los candidatos pudieran estudiarse de la forma habitual. Además, el Papa no creía necesario que los lefebvristas controlaran la comisión romana teniendo la mayoría, pues el papel de la comisión era puramente de asesoramiento. Ratzinger, consciente de que sería muy difícil que el proceso de revisión de las candidaturas al episcopado pudiera completarse entre el 5 de mayo y el 30 de junio, obtuvo permiso del Papa para que Lefebvre ordenara un obispo el 15 de agosto, fecha de la clausura del año Mariano.

Lefebvre rechazó la oferta. Evidentemente pensó que Roma estaba tratando de hallar una forma de «reconducir» la Sociedad, quizá seleccionando como su sucesor a un obispo más moderado de lo que él hubiera querido, quizá superando en las votaciones de la comisión romana a los miembros de la Sociedad. A pesar de una admonición directa del Papa, de una advertencia de la Congregación para los Obispos y de un telegrama en el último minuto de Ratzinger, Lefebvre ordenó cuatro obispos para que fueran sus sucesores el 30 de junio en Econe. Lefebvre había vivido muchos años a la defensiva, y siguió a la defensiva antes, durante y después de la firma del protocolo del 4 de mayo, como él mismo reconoció posteriormente.

«En el caso de Lefebvre», pregunté, «¿haría algo de forma distinta si tuviera la oportunidad de volver a hacerlo?»

«No», contestó Ratzinger. «Debo confesar que no hubo nada más que pudiera hacer. No, y además el Santo Padre mostró una flexibilidad que llegó hasta el límite para evitar el cisma, pero Lefebvre simplemente estaba dominado por la desconfianza».

«¿Tenía razón al desconfiar de Roma?», pregunté.

Ratzinger se rió.

«Esa es una pregunta terrible para un católico», dijo. «Un católico confía en Roma».

«Pero Lefebvre dijo que Roma sólo quería reformar lentamente su movimiento para hacerlo volver a la Iglesia y no quería que tuviera su identidad propia...», repliqué.

«Bien», dijo Ratzinger, «esa identidad tenía que ser católica, por supuesto. Mientras posea una identidad cerrada, no compatible con la identidad católica general, debe renovarse. La Iglesia incluye muchas identidades distintas. Los jesuitas tienen una identidad muy distinta a la de los dominicos y estos difieren mucho de los franciscanos. Los movimientos tienen todos su identidad propia. Pero la condición fundamental es siempre que esa identidad no esté completamente cerrada, que sea una identidad dentro del río de la Iglesia, lo que quiere decir en la práctica que sea una identidad en comunión con el Papa y los obispos. En general estamos a favor de la identidad específica de este movimiento pero, por supuesto, esta identidad debe abrirse en el río de vida de la Iglesia y superar los lastres que le impiden estar verdaderamente en comunión con el Papa y los obispos. Creo que se les ofreció una propuesta muy buena. (...) Creo que ofrecimos todo lo que era posible ofrecer».

«Y entonces», pregunté, «cuando monseñor Clemens [entonces secretario del cardenal Ratzinger, hoy el obispo Joseph Clemens] volvió aquí el 6 de mayo con la carta de Lefebvre que decía "Tengo que ordenar a los obispos el 30 de junio", ¿cómo reaccionó usted?»

«Sí, en efecto, sucedió así», contestó Ratzinger. «Él había firmado el acuerdo e incluso lo había celebrado con Clemens de forma amistosa. Y a la mañana siguiente retiró su firma. Me quedé conmocionado, debo decir, conmocionado y triste, aunque no me sorprendió del todo».

«¿Cree que el asunto de Lefebvre es uno de los fracasos de sus años en el cargo?»

«Lo cierto es que no me juzgo en términos de éxitos y fracasos», dijo Ratzinger. «Creo que tenemos la conciencia muy tranquila en lo que respecta al asunto Lefebvre. Hice lo posible, pero no se nos concedió la reconciliación. Y sin duda tenemos que intentar, hasta donde podamos, mantener las puertas abiertas a una reconciliación».

«La fe de la Iglesia va antes que yo»

Cuando le pregunté al cardenal Ratzinger cuál era su posición respecto a la reforma litúrgica introducida después del Concilio Vaticano II, insistió en hacer una distinción muy clara «entre el punto de vista de la Congregación —no sé si hay un punto de vista en la Congregación— y los puntos de vista específicos que son míos y personales. Y en lo que se refiere a estos últimos puntos de vista personales, se debe hablar de este tema con gran precisión. Si no se hace de ese modo, si uno toma sólo una parte del asunto, se crea una enorme confusión. (...) Yo diría que lo esencial está expuesto en mi libro *La fiesta de la fe*. (...) No estoy y no he estado nunca contra la reforma litúrgica del Concilio».

Señaló las reformas iniciadas por Pío X y Pío XII y subrayó que «la liturgia en sí misma siempre ha estado en un continuo proceso de desarrollo. Incluso en el último siglo se introdujeron nuevas festividades y se eliminaron otras. (...) Así pues, sin duda, ciertas reformas eran necesarias.

»Ello estaba en sintonía con la gran tradición de la Iglesia latina. Porque la Iglesia latina siempre ha considerado la liturgia como una realidad que nació en el período apostólico y creció y se desarrolló, y que continúa creciendo y desarrollándose hoy. Y parte de la reforma litúrgica, buena parte de ella, consiste en cosas muy sencillas como, por ejemplo, en el aumento de las posibilidades de elegir prefacios. Otras cosas —una estructura más simple del año litúrgico y también, digamos, el uso de las lenguas vernáculas— fueron, en principio, cosas positivas».

Entonces apuntó al «aspecto peligroso de la traducción».

«¿Debe traducirse la liturgia también a los diversos dialectos? ¿Deben ser las traducciones todavía más libres? ¿Y deben estar expuestas a todas las ideas nuevas...?» Insistió que las afirmaciones del Concilio permitían «las lenguas vernáculas, como es lógico, pero el Concilio dijo también que el lenguaje principal de la liturgia es, y será siempre, el latín». También pensaba que «las reformas fueron demasiado bruscas, en algunos casos exageradas, no del todo bien meditadas».

A Ratzinger le preocupaban los efectos que estos cambios pudieran tener en la fe de las personas. El nuevo misal legítimo, dijo, «no implica que el anterior misal deba considerarse algo totalmente prohibido o negativo, como si fuera un leproso (...) incluso desde un punto de vista puramente sociológico, si una sociedad toma algo que era para ella lo más sagrado, lo más esencial y lo más venerado, y, de un día para otro, esa misma sociedad prohíbe aquello que veneraba, que pasa a considerarse algo que se debe evitar y excluir a toda costa: ¡Esa sociedad se está autodestruyendo!»

Así pues, Ratzinger, hoy el Papa Benedicto, cree que, junto con la nueva, la antigua liturgia latina «debe protegerse siempre». Y habló de otro problema muy común. «Se recurre continuamente a nuevas traducciones y eso, junto con la libertad que se le concede al sacerdote, hace que la liturgia parezca a veces algo arbitrario que se deja al capricho del sacerdote y de la comunidad. Esa liturgia también es destructiva, porque el sentido de la liturgia es precisamente que la fe de la Iglesia, que me precede, que no fue creada por mí, se hace presente en formas ancestrales, no petrificadas sino vivas, en una realidad que me precede y que no está sujeta a cambios arbitrarios».

»La liturgia», dijo Ratzinger, «no debería consistir en algo que se inventa cualquier sacerdote en una parroquia ni tampoco en algo que pueda decidir cualquier mayoría que se establezca en la Iglesia, sino que es un don del Señor». Y temía que «este crepúsculo de la *lex orandi* (ley de la oración), debido a la arbitrariedad que existe, es una de las causas de la difícil situación en la que se encuentra la Iglesia».

Hace doce años, respondiendo a una pregunta, Ratzinger reconoció que la Iglesia católica hoy se enfrenta a «una de las crisis más profundas de la historia de la Iglesia, comparable a la crisis del gnosticismo en los siglos II y III, comparable a la crisis de la reforma protestante, eso parece claro». Ahora se ha convertido en el Papa Benedicto XVI y tiene la responsabilidad de dirigir a su pueblo en estos tiempos de crisis.

Ratzinger niega ser un místico. Pero le atrae la belleza y la profundidad de la liturgia católica «siempre imbuida del Espíritu Santo y de la presencia del Señor. (...) Al insertarme en ese gran tejido divino, por así decirlo, se produce de forma natural un profundo contacto espiritual del alma con Dios, un sentirse uno mismo ante su presencia viva, incluso una nueva apertura de los ojos del interior para ver lo que uno no puede ver y para dejarse guiar por el Señor.

»La humanidad, como tal, ha tenido siempre un sentido de lo sagrado, es decir, de la intocable e inefable realidad divina o, en otras palabras, de una realidad completamente distinta a mí, que está por encima de mí, que es peligroso tocar, porque el contacto con lo divino puede, en su grandeza, destruir al hombre. (...) Ahora llegamos al cristianismo. El cristianismo también comparte la realidad fundamental de que Dios es santo y sagrado, pero hay una diferencia radical en lo que se refiere a la devoción y a la adoración. Diría que en el cristianismo esta sacralidad está más definida. Coincide con la inmensa santidad de Dios, es decir, con la verdad y lo bueno, con el bien absoluto. Y (...) al ser un amor absoluto, Dios demuestra su amor en la cruz. Y, de esta forma, al mismo tiempo que está lejos de nosotros se forja una nueva unión. El creyente tiene que comprender su unión con Cristo en el amor de Cristo. Sin duda, en los últimos treinta años, se ha producido una pérdida de lo sagrado en el cristianismo.

»Pero recientemente se ha añadido un nuevo factor», continuó Ratzinger. «Ahora algunos afirman que ésta, la profanación del mundo, esta desaparición de lo sagrado, es precisamente lo que pretendía el Nuevo Testamento. Así, (el profesor de teología Johann-Baptist) Metz y otros han dicho que la historia de profanación, de desacralización, es la historia de la victoria del cristianismo, pues, defienden, el cristianismo significa desacralización. Allí no existe esta sacralidad que se considera algo pagano e irracional.

»Y han interpretado, por ejemplo, la muerte del Señor fuera de los muros de la ciudad, fuera del área sagrada, en el mundo profano, como el centro de la explosión de esta desacralización. Dicen que el hecho es que el sacrificio más grande y definitivo, de la liturgia del mundo, se llevó a cabo en la muerte profana de Jesús. Y dicen, por otro lado, que el hecho de que esta muerte profana de Jesús se haya considerado verdadera liturgia tiene como consecuencia lógica que hoy ya no existe un Templo, que hoy ya no existen lo sagrado y lo profano.

»Y la forma en que muchos han entendido y llevado a cabo la reforma de la liturgia está inspirada por esta idea: que, con la muerte de lo sagrado, la liturgia debe pasar a ser radicalmente profana, que lo sagrado debe desaparecer de ella. Eso explica el ataque que se lleva a cabo contra, por ejemplo, los atuendos religiosos. (...) Ven lo sagrado como algo que hay que trascender y lo profano como el único camino para ser un verdadero cristiano.

»Mi intención, mi acción, es sencilla. Estoy convencido de

que existe una fe de la Iglesia. La Iglesia la ha formulado en sus confesiones y en los documentos del *magisterium*. Y, si queremos ser católicos, simplemente tenemos que vivir esta fe y, por supuesto, desplegar esta fe cada vez más. Las opiniones privadas de esta o aquella índole no van a salvar a la Iglesia, aunque parezca en un momento dado que tienen éxito.

»Hemos entrado en la obediencia del Señor. Creemos que el Señor vive en la Iglesia y le habla. De ello sigue fácilmente que no necesitamos defender opiniones privadas, que no necesitamos buscar tal o cual consejo, sino que debemos tratar de entender qué es lo que realmente cree la Iglesia y luego proclamarlo. Por supuesto, tenemos que intentar hacer comprensible esta fe hoy y hacer que cobre vida. Tenemos que esforzarnos en hacer que la fe vuelva a estar presente en el pensamiento actual y en mostrar su lógica interna.»

El hombre que se ha convertido en Papa debe ahora hacer en su vida lo que pretendía hacer «mediante la literatura». En 1993 dijo que desearía «otra vida durante la cual poder describir mi visión teológica». Quería demostrar que la fe cristiana no es «sólo una serie de mandamientos positivos, sino que debe ser entendida, vivida, adquirida y visible... que, al verla, la gente pueda decir: Sí, eso es algo en lo que creer, esa es la forma en la que la vida debe vivirse, así es como uno encuentra la respuesta a las grandes preguntas de la vida».

Última reunión

Me reuní por última vez con el cardenal Ratzinger el 12 de marzo de 2005, en Roma, justo un mes antes de su elección como Papa Benedicto XVI. Era un día frío y yo llevaba un abrigo. Hablamos de la situación en Ucrania y, en general, de los asuntos que debían tratarse en el diálogo con los ortodoxos. Hablamos del trono de Pedro y de los cambios que podrían tener que hacerse en las funciones del papado para permitir a los no católicos una mayor proximidad a Roma. Y hablamos del mensaje de Fátima. También debatimos la liturgia con cierto detalle, el deseo de muchos católicos por una liturgia más solemne, sagrada, tradicional, y los medios para lograr ese objetivo. Incluso tocamos el tema de la salud de Juan Pablo II. Juan Pablo acababa de ingresar en el hospital por segunda vez, y ninguno de los dos pensábamos que moriría tres semanas después.

«Sabe», le dije, antes de levantarme para marcharme, «nuestra situación está plagada de problemas que no pueden resolverse porque ni siquiera pueden expresarse en términos claros».

«Sí», contestó, «como dices, necesitamos claridad casi más que cualquier otra cosa. Y buena voluntad».

Al marcharme, me peleé con el abrigo para lograr ponérmelo y él se levantó espontáneamente para ayudarme. Me di cuenta entonces, como ahora, de que se trata de un hombre muy amable que extiende su mano para ayudar a un periodista.

Pero la ayuda que Ratzinger está más cualificado para prestar siempre ha sido la de la «claridad»: la capacidad de hacer que ideas profundas y complejas sean comprensibles de un modo claro y sencillo. Como una vez le dijo a otro periodista, lo más importante para todo cristiano es «convertirnos en personas que aman, es decir, darnos cuenta de nuestra semejanza con Cristo. Pues, como dice San Juan, Él es amor y desea que existan criaturas parecidas a Él que, escogiendo libremente amar, se asemejen a Él, pertenezcan a Él y al hacerlo manifiesten Su esplendor».

Esa es la intención de Benedicto XVI. Y esa es también su cruz.

Segunda Parte

LA VISIÓN ESPIRITUAL DE BENEDICTO XVI

SU FE

Habiéndose pasado la vida entera pensando, estudiando y orando sobre el significado de la fe católica, Benedicto XVI se había convertido en uno de los principales teólogos cristianos contemporáneos (la palabra significa literalmente «conocedores de Dios») de la Iglesia católica romana, incluso antes de que fuera elegido Papa.

Para Benedicto XVI, Dios es el bien, la belleza y la bondad absolutas, la fuente y origen de toda la vida. Dios es también quien más ama a cada ser humano, incluso a aquellos que no le aman, no creen en Él o ni tan sólo lo conocen. La tarea más importante de la vida humana es buscar a Dios, encontrarle y desarrollar una relación de amor con Él, predica Benedicto, pues con ello los seres humanos alcanzan la felicidad más profunda y duradera que pueden experimentar.

Benedicto XVI enseña que el eterno e invisible Dios apareció en este mundo en la forma de su hijo, Jesús. Nacido en Nazaret de una mujer concreta cuyo nombre era María, vivió una vida humana, predicó dentro de la tradición de los profetas y maestros judíos y murió en Jerusalén hace dos mil años. Esta historicidad, confirmada por muchas fuentes, hace que el cristianismo no pueda ser jamás sólo una filosofía o una mera colección de valores. Más bien debe ser siempre un encuentro, una reunión con una persona, una relación de amistad y amor con la muy real y concreta persona de Jesús. Porque Jesús fue, y es, también singularmente divino, su vida, su muerte y su resurrección tenían significado eterno, alterando la estructura entera y todo el significado de nuestro universo. Esta creencia constituye los cimientos del cristianismo.

El Espíritu Santo es la continuada presencia de Dios en la Iglesia y el mundo, el «abogado» divino dado a la humanidad después de que el propio Jesús retornara al Padre. Aunque la naturaleza divina está oculta, los efectos de la acción del Espíritu son visibles en este mundo. Por medio del Espíritu, Dios aporta a los seres humanos el don del perdón y la curación corporal, que adopta su forma definitiva en nuestra resurrección de la muerte.

En María, la mujer que dio a luz y dio la vida humana a Jesús, se dio por una vez sobre la Tierra la perfección humana, según creen los católicos. Su aceptación de la voluntad de Dios fue tan completa que dio un «sí» incondicional al plan que Dios tenía para su vida aunque no podía entenderlo. Es por ello por lo que los cristianos repiten las palabras del ángel Gabriel en el Evangelio, cuando dice que María está «llena de gracia» y que «bendita tú eres entre todas las mujeres». Los cristianos creen que el perdón y la vida entraron en el mundo a través de María, pues ella le dio forma humana al Hijo de Dios. A través de María, como la «Segunda Eva» y la madre la Iglesia, el paraíso perdido de Eva se ha recuperado.

Como escribió San Pablo —y Benedicto está de acuerdo con él— «toda la creación gime y sufre», y sólo en el fin del mundo se revelará por completo su sentido. Todas las cosas que existen en el tiempo y en el espacio tienen una realidad contingente, se mueven a través del tiempo desde el pasado hacia el futuro a través del momento presente, que carece de duración. Así pues, el mundo creado depende siempre de su creador. Pero los seres humanos tienen la responsabilidad de cuidar la creación, reconocer su belleza y llenarla con bondad y amor por respeto a Dios, que la hizo.

Adán (que literalmente significa «terráqueo») fue creado de la tierra, hecho de productos químicos físicos, tal y como defiende la ciencia moderna. Pero «Adán» tiene también un aspecto que no procede de la tierra, sino directamente de Dios, quien «le insufló el aliento de la vida y lo hizo un ser viviente». Así pues, en las enseñanzas de Benedicto, los seres humanos poseen una doble naturaleza: una parte mortal y otra inmortal. Benedicto insiste que se debe cuidar a la persona en su integridad, tanto física como espiritualmente. Los cristianos deben entrar en relación con el Dios eterno y prepararse para la vida eterna con actos de amor, justicia, bondad y piedad en este mundo. La teología nos enseña cómo hacerlo. Pero la segunda gran tarea del ser humano es la adoración. La liturgia de la Iglesia, especialmente la Eucaristía, es el medio a través del cual la propia vida de Dios se transmite a los hombres y mujeres, infundiéndoles su santidad y haciendo posible que lleven ese amor y santidad al mundo.

La liturgia y las enseñanzas de la Iglesia, sin embargo, están fundadas en la alianza original de Dios con el «Pueblo Elegido», los judíos. Benedicto XVI ve la emergencia en la historia humana del pueblo judío no simplemente como un desarrollo sociológico, sino como parte del plan de Dios para toda la raza humana. Así pues, la importancia de la vocación de Abraham, de Isaac y Jacob, de las doce tribus de Israel y de los profetas, sigue siendo capital. Los judíos fueron y son «una luz para las nacio-

nes». Los cristianos creen, sin embargo, que la venida de Jesucristo, nacido en la familia judía de María y José, fue a la vez continuación y culminación de esa historia y extendió la alianza de
Dios al mundo entero.

La Iglesia, «católica» en su universalidad, es, para el Papa Benedicto, la continuación en el mundo de la comunidad de creyentes que el mismo Jesús reunió por primera vez. La Iglesia y
sus miembros deben, pues, actuar igual que actuó Jesús, predi-
cando la palabra de Dios, consolando a los enfermos, perdo-
nando a los pecadores y comunicando la buena nueva de Jesús a
otros a través del misterio de la Eucaristía. Como la «Esposa de
Cristo», la sociedad humana comunal y no obstante personal
que Cristo ama y a la que es fiel hasta el fin, la Iglesia trasciende
los análisis políticos y sociológicos. Como «cuerpo místico
de Cristo», la Iglesia es, mística pero auténticamente, Jesús
vivo en el mundo, desde la primera Pascua hasta el final de los
tiempos.

Los sacramentos de la Iglesia son «signos visibles de una realidad invisible» que los católicos consideran «medios de gracia»,
formas de recibir el espíritu de Dios dentro de uno mismo para
así convertirnos en las personas que Dios quiere que seamos. En
el catolicismo hay siete sacramentos: Bautismo, Penitencia y Reconciliación, la Eucaristía, Confirmación, Matrimonio, Sacerdocio y la Unción de los Enfermos. El bautismo inicia a la persona
en la vida de Cristo. La penitencia y la reconciliación aportan
perdón y un renacimiento espiritual. La Eucaristía hace que
los cristianos se unan con el cuerpo vivo y la sangre de Jesús. La
confirmación conlleva un compromiso maduro con la fe que
comporta dones espirituales. El matrimonio es un sacramento
administrado el uno al otro por un hombre y una mujer durante
toda una vida de unión. El sacerdocio prepara a los ordenados
para una vida de servicio a Jesús y al pueblo de Dios. La unción

de los enfermos aporta gracia sanadora a los enfermos graves, o prepara el alma del que va a morir para su último viaje.

El Papa Benedicto, como San Pablo, cree que «todos los hombres buscan a Dios y avanzan a tientas hacia Él». Respeta este deseo innato por lo divino y lo eterno, y reconoce que Dios puede garantizar y garantizará la salvación a todos aquellos que buscan la verdad. Los cristianos creen que la verdadera satisfacción de todos los deseos humanos, y la bendición espiritual definitiva, se halla en el Dios revelado por Jesucristo, que vino como un «Buen Pastor» a salvar a todas las personas, incluso a aquellas «ovejas perdidas» que se han alejado mucho del rebaño. Benedicto XVI, siguiendo los pasos de Cristo, desea mantener un diálogo respetuoso con todas las otras fes, poniendo en práctica el amor de Cristo y compartiendo la alegría de su propia fe con el mundo entero.

LA PREGUNTA

¿Cuál es el camino?

Cada ser humano es una pregunta abierta, un proyecto incompleto, inacabado, que debe llevarse a buen término. Todo ser humano se enfrenta a las mismas preguntas: ¿Cómo puedo hacer realidad el pleno potencial de mi vida? ¿Cómo se aprende el arte de vivir? ¿Cuál es el camino hacia la felicidad verdadera?

¿Es el universo absurdo o no?

¿Debe interpretarse el mundo como producto de un intelecto creativo o como consecuencia de una combinación de probabilidades en el reino del absurdo? Hoy, como ayer, esta alternativa es una cuestión decisiva para definir nuestra comprensión de la realidad; no es una pregunta que podamos esquivar.

La pobreza más profunda

Evangelizar significa revelar el camino a la verdadera felicidad, enseñar el arte de la vida completa. Al principio de su vida pública, Jesús dice: «He venido a anunciar a los pobres la Buena Nueva» (Lucas 4:18). Con ello quiere decir, «He venido a responder a la pregunta fundamental de su existencia. He venido a mostrarles el camino de la vida, el camino hacia la felicidad. Yo soy, de hecho, ese camino».

La pobreza más profunda no es la pobreza material, sino la pobreza espiritual: la incapacidad de ser feliz, la convicción de que la vida es absurda y contradictoria. En diversas formas, esta pobreza está hoy muy extendida, tanto en las naciones materialmente ricas como en las empobrecidas.

La incapacidad de amar

La incapacidad de disfrutar la alegría procede de y conduce a la incapacidad de amar... Cuando no se conoce el arte de vivir, todo funciona mal.

El grano de mostaza

Las cosas grandes empiezan siempre con una pequeña semilla... En otras palabras: las grandes realidades comienzan humildemente. Esta verdad se contempla en los mismos actos de Dios en la historia: «No porque seáis el más numeroso de todos los pueblos se ha prendado Yahveh de vosotros y os ha elegido, pues sois el menos numeroso de todos los pueblos; sino por el amor que os tiene». Dios le dice esto al pueblo de Israel en el Viejo Testamento (Dt 7:7), y con ello expresa una paradoja fundamental de la historia de la salvación: que a Dios no le importan los grandes números. El poder exterior no es un signo de su presencia. La mayoría de las parábolas de Jesús describen esta pauta en la intervención divina y con ellas responde a las naturales preocupaciones y expectativas de sus discípulos sobre otros tipos de éxito y de signos procedentes del Mesías, el tipo de éxitos que Satán le ofrece al Señor: «Todo esto —los reinos del mundo— te daré...» (Mateo 4:9). Un viejo proverbio dice: «El éxito no es uno de los nombres de Dios». La nueva evangelización debe rendirse al misterio del grano de mostaza.

Una paradoja

En la historia de la salvación siempre es Viernes Santo y Domingo de Resurrección a la vez.

«Por la noche, rezaba»

Hace unos años, estaba leyendo la biografía de un gran sacerdote de nuestro siglo, Don Didimo, el párroco de Bassano del Grappa. En sus notas se encuentran verdaderas perlas, fruto de una vida de plegaria y meditación. Don Didimo dice: «Jesús predicaba durante el día, por la noche, rezaba». Con estas pocas palabras, nos quiere decir: Jesús tuvo que adquirir a los discípulos de Dios. Eso es una gran verdad.

No podemos reunir a los hombres por nosotros mismos. Debemos tomarlos a través de Dios y para Dios. Todos los métodos devienen vanos si no están cimentados en la oración. La palabra de proclamación debe estar siempre sumida en una intensa vida de oración.

La semilla que muere

Jesús predicaba de día y oraba de noche. Pero eso no era todo. Su vida entera fue —como queda demostrado de un modo precioso en el Evangelio de San Lucas— un camino hacia la cruz, un avance constante hacia Jerusalén. Jesús no redimió el mundo con bellas palabras, sino con su sufrimiento y su muerte... El propio Señor —extendiendo y ampliando la parábola del grano de mostaza— formuló esta ley de fructificación en la parábola de la semilla que muere, caída en la tierra (Juan 12:24). Esta ley es válida hasta el fin de los tiempos...

Todo nacimiento implica sufrimiento

A lo largo de todos los períodos de la historia, las palabras de Tertuliano se han demostrado siempre ciertas: la sangre de los mártires es una semilla. San Agustín comenta el texto de San Juan 21:16 del siguiente modo: «"Atender a mis ovejas" significa sufrir por mis ovejas... Una madre no puede dar la vida a un niño sin sufrimiento. Todo nacimiento requiere sufrimiento, es sufrimiento, y convertirse en cristiano es un nacimiento». No podemos dar la vida a otros sin antes hacer don de nuestras propias vidas... Reflexionemos sobre las palabras del Salvador: «Quien pierda su vida por mí y por el Evangelio, la salvará» (Marcos 8:35).

«Convertíos y creed»

El contenido fundamental del Antiguo Testamento se resume en el mensaje de Juan el Bautista: *metanoeìte* (¡Converso!). No hay acceso a Jesús sin el Bautista; no hay posibilidad de llegar a Jesús sin responder a la llamada del precursor. Es más: Jesús tomó el mensaje de Juan en la síntesis de su propia prédica: *metanoeìte kaì pisteúete èn tù euaggelíu* (Marcos 1:15, «convertíos y creed en el Evangelio»).

La palabra griega *metanoeìte* significa volver a pensar, cuestionarse la forma normal y ordinaria que uno tiene de vivir; permitir a Dios que entre en el sistema de valores que uno tiene en su vida, no juzgar simplemente según las opiniones habituales en un momento dado. En consecuencia, convertirse quiere decir no vivir en absoluto como viven los demás, no hacer lo que hace todo el mundo, no sentir que los actos dudosos, ambiguos o malvados están justificados porque todo el mundo lo hace, empezar a ver la propia vida a través de los ojos de Dios y, en consecuencia, buscar el bien, por incómodo que sea, no dependiendo del juicio de la mayoría, sino de la justicia de Dios o, en otras palabras, empezar un nuevo estilo de vida, una vida nueva.

El «yo» y el «tú»

Debemos tener presente el aspecto social de la conversión. Por supuesto, la conversión es ante todo un acto muy personal, intensamente privado. Me separo de la fórmula que lleva a «vivir como todos los demás». Encuentro mi propia personalidad frente a Dios, frente a Él tengo mi propia responsabilidad personal.

Pero la verdadera personalización es siempre también una nueva y más profunda socialización. El «yo» se abre a sí mismo una vez más al «tú» en todos sus niveles, y de ello emerge un nuevo «nosotros».

Si el estilo de vida extendido por todo el mundo implica el peligro de despersonalización, de no vivir la propia vida, sino la vida de todos los demás, en la conversión debe lograrse un nuevo «nosotros», el del camino común de Dios. Al proclamar la conversión debemos también ofrecer una comunidad de vida, un espacio común para el nuevo estilo de vida. No podemos evangelizar sólo mediante palabras; el Evangelio crea vida, crea comunidades de progreso; una conversión meramente individual no tiene consistencia...

El Reino de Dios es Dios

La expresión clave de la proclamación de Jesús es el Reino de Dios. Pero el Reino de Dios no es una cosa, una estructura social o política, una utopía. El Reino de Dios es Dios. El Reino de Dios significa: Dios existe. Dios está vivo. Dios está presente y actúa en el mundo, en nuestra —en mi— vida. Dios no es una lejana «primera causa», Dios no es el «gran arquitecto» del deísmo, que creó la máquina del mundo y ya no forma parte de él. Al contrario: Dios es la realidad más presente y decisiva en todos y cada uno de los actos de mi vida, en todos y cada uno de los momentos de la historia.

La ausencia de Dios

El auténtico problema de nuestro tiempo es la «crisis de Dios», la ausencia de Dios, disfrazada por una religiosidad vacía. La teología debe retroceder y volver a ser verdaderamente «teología» y hablar sobre y con Dios. Lo único necesario (*unum necessarium*) para el hombre es Dios. Todo cambia dependiendo de si Dios existe o no. Desafortunadamente, también nosotros, los cristianos, vivimos a veces como si Dios no existiera (*si Deus non daretur*). Vivimos a menudo según el lema que dice: «Dios no existe, y si existe, no influye en lo que sucede». La evangelización, en consecuencia, debe, antes que nada, hablar sobre Dios, proclamar al único y verdadero Dios: el Creador, el Santificador, el Juez.

DIOS

Un día en que Dios está ausente

Sábado Santo, el día del entierro de Dios, ¿no es ese, extrañamente, nuestro día? ¿Acaso no empieza nuestro siglo a convertirse en un largo Sábado Santo, un largo día en el que Dios está ausente?

La esencia de la religión

La esencia de la religión es la relación del hombre más allá de sí mismo con la desconocida realidad que la fe llama Dios. Es la capacidad del hombre de ir más allá de la realidad tangible y mesurable para entrar en esta relación primordial.

Conociendo a Dios... a través de la oración

No puede darse a conocer a Dios sólo con palabras. Uno no conoce de verdad a una persona si todo lo que sabe de ella le ha llegado a través de terceros. Anunciar a Dios es introducir la relación con Dios, enseñar cómo orar. La oración es la fe en acción. Y sólo al experimentar la vida con Dios es que aparece la prueba de su existencia. Es por esto que las escuelas de oración, las comunidades de oración, son tan importantes. Hay una complementariedad entre la oración personal («en la habitación de cada uno», solos ante los ojos de Dios), la oración común «paralitúrgica» (la «religiosidad popular») y la oración litúrgica.

La liturgia como oración

La liturgia es, ante todo, oración; su objeto principal no somos nosotros (como sucede en la plegaria personal y en la religiosidad popular), sino el propio Dios. La liturgia es *actio divina* («acción divina»): Dios actúa y nosotros respondemos a esta acción divina. Siempre se debe hablar de Dios y hablar con Dios a la vez. La liturgia (los sacramentos) no es un tema secundario respecto a la prédica sobre el Dios vivo, sino la materialización de nuestra relación con Dios.

¿Debemos temer a Dios?

Yo no temo a Dios porque Dios es bueno. Naturalmente, reconozco mis debilidades, mis pecados, y sé que pueden doler al Señor que tanto se preocupa por nosotros. Supongo que en ese sentido tengo miedo de cómo mis acciones afectarán a Dios, algo bastante diferente del concepto de miedo que tenemos tradicionalmente. En este sentido, no tengo miedo de Dios; adoro al Señor y por ello desearía no hacer nada que pudiera dolerle.

La auténtica adoración de Dios

La antigua Iglesia comprendió correctamente que la palabra «ortodoxia» no quería decir la «doctrina correcta», sino que se refería a la auténtica adoración y glorificación de Dios. Estaban convencidos de que todo dependía de mantener la relación correcta con Dios, de saber qué era lo que le complace y que puede hacer cada uno para responderle de forma adecuada.

Por este motivo a Israel le gustaba tanto la ley: a través de ella sabían cómo vivir correctamente y cómo honrar a Dios de la forma adecuada: al actuar de acuerdo con Su voluntad, aportando orden al mundo y abriéndolo a lo trascendente.

Esta es la nueva alegría que los cristianos descubrieron: que ahora, empezando con Cristo, comprendían cómo se debía glorificar a Dios y cómo, precisamente por ello, el mundo sería más justo.

Que estas dos cosas deban ir de la mano —la manera de glorificar a Dios y la manera en que llega la justicia— es algo que los ángeles proclamaron la santa noche: «Gloria a Dios en los cielos y paz en la Tierra a los hombres de buena voluntad», dijeron (Lucas 2:14).

El poder de Dios

Un Dios impotente es una contradicción. Si no puede actuar, no puede hablar ni se le puede hablar (...) no tiene nada que ver con lo que la creencia religiosa de la humanidad identifica con «Dios».

«Como una flecha en vuelo»

Adorar significa aceptar que nuestra vida es como una flecha en vuelo. Aceptar que nada finito puede ser mi objetivo final ni determinar la dirección de mi vida, sino que yo mismo debo trascender todos los posibles objetivos. Es decir, debo dejarlos atrás para unirme interiormente con el que desea que exista como compañero en una relación con él y que me ha dado libertad precisamente para ello.

Dios nos guía

Dios habla sin levantar la voz. Pero nos ofrece todo tipo de signos. Especialmente cuando contemplamos la situación en retrospectiva podemos ver que nos ha dado un pequeño impulso a través de un amigo, de un libro o de lo que vemos como un fracaso, incluso a través de accidentes. La vida está en realidad llena de estas silenciosas indicaciones. Si estoy alerta, entonces, lentamente... comienzo a sentir cómo Dios me guía.

Probando a Dios

En el Deuteronomio hay una alusión al episodio en el que Israel está a punto de morir de sed en el desierto. Hubo una rebelión contra Moisés que se convirtió en una rebelión contra Dios. Dios debe demostrar que es Dios.

Esta rebelión contra Dios se describe de la siguiente manera en la Biblia: «por haber tentado a Yahveh, diciendo: "¿Está Yahveh entre nosotros o no?"» (Éxodo 17:7)... Dios debe someterse a una prueba. Se le «prueba» igual que se prueba un producto. Debe someterse a las condiciones que declaramos son necesarias para convencernos por completo. Si no garantiza ahora la protección prometida en el salmo 90, entonces es que no es Dios. En ese caso, habría faltado a su propia palabra y, por tanto, a sí mismo.

Aquí nos vemos enfrentados al gran problema de cómo podemos conocer o no a Dios, de cómo el hombre puede mantener su relación con Dios y de cómo puede perderla. La presunción humana que reduciría a Dios a un mero objeto y le impondría nuestras condiciones científicas no puede encontrar a Dios. De hecho, presupone de antemano que negamos a Dios como Dios, pues nos colocamos por encima de Él. Porque si procedemos de este modo dejamos de lado toda la dimensión de amor, toda la escucha a nuestro interior, y reconocemos como real sólo aquello que puede ser sometido a prueba, sólo aquello que se nos pone en las manos.

Quien piensa de este modo se apropia del puesto de Dios y al hacerlo no sólo degrada a Dios, sino al mundo entero y a sí mismo.

El sentido del humor de Dios

El humor es (...) un elemento esencial en el regocijo de la creación. Podemos comprobar cómo, en muchos asuntos de nuestra vida, Dios quiere impulsarnos a tomarnos las cosas un poco más a la ligera, a ver el lado divertido, a bajarnos de nuestro pedestal y no olvidarnos de nuestro sentido del humor.

Dios es definitivamente fiel

Quien sigue la voluntad de Dios sabe que en medio de todos los horrores con los que pueda encontrase no perderá jamás la protección más importante. Sabe que el mundo se construye sobre el amor y que por ello, incluso cuando nadie puede o quiere ayudarle, siempre puede seguir adelante confiando en Él, en que Él le ama. Esta confianza que las Escrituras nos autorizan a tener y a la que el Señor, el Resucitado, nos invita, es sin embargo algo totalmente distinto de la atrevida provocación a Dios, que haría de Dios un mero sirviente nuestro.

La grandeza de Dios

Siendo razonable, uno debería decir que Dios es demasiado grande para que una idea o un sólo libro comprenda toda su palabra. Sólo a través de múltiples experiencias, a veces contradictorias, puede Él ofrecernos reflejos de sí mismo.

La gloria de Dios es inseparable de la paz en la Tierra

La gloria de Dios y la paz en la Tierra son inseparables. Donde se excluye a Dios, hay una ruptura de la paz en el mundo; sin Dios, no hay *orthopraxis* (acción) que pueda salvarnos. De hecho, no existe ninguna *orthopraxis* que sea en sí misma justa si la desvinculamos del conocimiento de lo que es bueno. La voluntad sin conocimiento está ciega, y así, la acción, *orthopraxis*, está ciega sin el conocimiento y conduce al abismo. El gran engaño del marxismo fue decirnos que llevábamos demasiado tiempo reflexionando sobre el mundo y que había llegado la hora de cambiarlo. Pero si no sabemos en qué dirección cambiarlo, si no comprendemos su significado y su propósito íntimo, el cambio por el cambio se convierte en destrucción, como hemos visto en el pasado y continuamos viendo en el presente. Pero lo contrario también es cierto: la doctrina por sí sola, si no se convierte en vida y en acción, no pasa de ser una charla ociosa y de ese modo igualmente vana. La verdad es concreta. El conocimiento y la acción están estrechamente unidos, igual que están unidas la vida y la fe.

❧ III ❧

JESUCRISTO

El Jesús histórico

Hoy es muy grande la tentación de reducir a Jesucristo, al Hijo de Dios, a un mero Jesús histórico, a simplemente un hombre. No se niega necesariamente la divinidad de Jesús, pero utilizando ciertos métodos se destila de la Biblia a un Jesús recortado a nuestro tamaño, un Jesús posible y comprensible dentro de los parámetros de nuestra historiografía.

Pero este «Jesús histórico» es un artefacto, la imagen de sus autores más que la del Dios vivo. El Cristo de la fe no es un mito; el llamado Jesús histórico sí es una figura mitológica, inventada por varios intérpretes.

Una verdad principal

Debe creerse firmemente como un dogma de fe católico que la voluntad salvífica universal del Único y Trinitario Dios se ofrece y se cumple una vez y para siempre en el misterio de la encarnación, muerte y resurrección del Hijo de Dios.

El deseo del corazón

Cristo es el Amor de Dios hecho carne, el Hijo Único y Salvador de todos. Para ustedes, proclamar a Cristo no es imponer algo extraño a nadie, sino contar a todos aquello que básicamente deseamos todos: el amor eterno que todo corazón humano aguarda en secreto.

El corazón de Jesús

En el Sagrado Corazón se dispone frente a nosotros el núcleo del cristianismo. Lo expresa todo, todo lo que es genuinamente nuevo y revolucionario en la nueva alianza. Este Corazón llama a nuestro corazón. Nos invita a ir más allá del fútil intento de auto-preservación y, uniéndonos en la labor del amor, entregándonos a él y con él, a descubrir la plenitud del amor que es la única eternidad y lo único que sostiene el mundo.

Por qué decimos «antes de Cristo» y «después de Cristo»

Los regímenes seculares, que no quieren hablar sobre Cristo y que, por otro lado, no quieren dar la espalda por completo al calendario occidental, substituyen las palabras «antes del nacimiento de Cristo» y «después del nacimiento de Cristo» con fórmulas como «antes y después de la era común» o expresiones similares. Pero eso no hace sino poner de manifiesto la profundidad de la pregunta: ¿Qué sucedió en ese momento que significó el cambio de una era? ¿Qué pasó en ese momento que marcó el inicio de una nueva edad histórica, hasta el punto que empezamos a contar el tiempo de nuevo desde esa fecha? ¿Por qué ya no medimos el tiempo contando desde la fundación de Roma, desde las Olimpiadas, contando los años de reinado de un soberano o incluso desde la creación del mundo? ¿Este comienzo de hace dos mil años atrás aún tiene importancia para nosotros? ¿Tiene una dimensión verdaderamente fundacional? ¿Qué es lo que nos dice? ¿O es que este principio se ha vuelto para nosotros en algo vacío de sentido, una mera convención técnica que conservamos por razones puramente pragmáticas? Pero entonces, ¿qué orienta nuestra alegría? ¿Es como un buque que va a la deriva y simplemente sigue navegando con la esperanza de que en alguna parte exista un destino?

Lo esencial

Lo esencial de Cristo no es que Él proclamó ciertas ideas... En cambio, me convierto en cristiano al creer en este acontecimiento. Dios vino al mundo y actuó en él; así que se trata de una acción, de una realidad, no sólo de una entidad intelectual.

«Ver» a Jesús

Después de todo, el único y suficiente propósito (...) es ver a Jesús (...) contemplarlo en sus inagotables palabras, contemplarlo en sus misterios —como San Ignacio muestra en sus Ejercicios Espirituales— los misterios de la natividad, el misterio de su vida oculta, el misterio de su vida pública, el misterio pascual, los sacramentos, la historia de la Iglesia. El Rosario y el Vía Crucis no son nada más que una guía pensada por el corazón de la Iglesia para aprender a «ver a Jesús» y así llegar a Nínive, el arrepentimiento y la conversión. El Rosario y el Vía Crucis han sido durante siglos la gran escuela que enseñaba a ver a Jesús. Los días que corren nos invitan a volver a esa escuela otra vez y reunirnos allí con los creyentes de tantos siglos pasados.

Una historia de amor

Sólo Cristo llena de significado nuestra vida entera. (...) El cristianismo no es un sistema intelectual, un conjunto de dogmas, una moral. El cristianismo es más bien un encuentro, una historia de amor; es un hecho. Esta aventura amorosa con Cristo, esta historia de amor que es toda su vida estuvo, sin embargo, muy alejado de todo entusiasmo superficial, de cualquier romanticismo vago. Quien de verdad ve a Cristo sabe que quien encuentra a Cristo lo sigue. Este encuentro es un camino, un viaje, un viaje que pasa también —como nos dice el salmo— a través del «valle de sombras». En el Evangelio se nos cuenta la última oscuridad por la que atraviesa Cristo en su sufrimiento, la de la aparente ausencia de Dios, cuando el sol del mundo desaparece en un eclipse. Él sabía que seguir es pasar a través de un «valle de sombras», tomar el camino de la cruz, y vivir aun así con verdadera alegría.

Conocimiento de la belleza de Cristo

Quedarse sobrecogido y desbordado por la belleza de Cristo no es una mera deducción racional, sino consecuencia de un conocimiento más real y profundo. Por supuesto, no se debe subestimar la importancia de la reflexión teológica, del pensamiento teológico exacto y preciso, que sigue siendo totalmente necesario. Pero desdeñar o rechazar el impacto producido por la respuesta del corazón al encontrarse con la belleza como una verdadera forma de conocimiento nos empobrecería y extinguiría tanto nuestra fe como nuestra teología. Debemos redescubrir esta forma de conocimiento; es una de las necesidades más apremiantes de nuestro tiempo.

La belleza del Rey

El salmo 44 describe el casamiento del Rey, su belleza, sus virtudes, su misión, y luego se convierte en una exaltación de su esposa. (...) El versículo tercero del salmo 44 dice: «Eres hermoso, el más hermoso de los hijos de Adán, la gracia está derramada en tus labios». Naturalmente, la Iglesia interpreta este salmo como una representación poético-profética de la relación conyugal de Cristo con su Iglesia. Esta reconoce a Cristo como el más hermoso de los hombres; la gracia derramada en sus labios apunta a la belleza interior de sus palabras, a la gloria de la Buena Nueva que proclama.

Así pues, no se glorifica solamente la belleza externa o la apariencia del Redentor, sino más bien la belleza de la verdad que aparece en Él, la belleza del propio Dios que nos atrae hacia Él y al mismo tiempo nos captura con la herida del Amor, la pasión sagrada (eros), que nos permite avanzar juntos, con y en la Iglesia, la esposa de Cristo, a encontrarnos con el Amor que nos llama.

El lunes de Semana Santa, sin embargo, la Iglesia cambia la antífona y nos invita a interpretar el salmo 44 a la luz de Isaías 53:2: «No tenía apariencia ni presencia; (le vimos) y no tenía aspecto que pudiésemos estimar». ¿Cómo podemos reconciliar estas dos visiones tan dispares? La apariencia del «más hermoso de los hombres» es tan desastrosa que nadie desea mirarlo. Pilatos lo presentó a la multitud diciendo: «¡Contemplad al hombre!» para concitar simpatía hacia aquel Hombre maltrecho y machacado en quién no quedaba rastro de belleza exterior.

«Lo bello nos salvará»

¿Hay alguien que no conozca la famosa cita de Dostoyevski, «Lo bello nos salvará»? Se suele olvidar, sin embargo, que Dostoyevski se refiere aquí a la belleza redentora de Cristo. Debemos aprender a verle.

Si lo conocemos no sólo a través de palabras sino que nos sentimos atravesados por el dardo de su paradójica belleza, entonces lo conoceremos de verdad y no sólo porque hayamos oído a otros hablar de él. Habremos encontrado la belleza de la Verdad, la Verdad que redime.

Nada puede acercarnos íntimamente a la belleza del propio Cristo más que el mundo de belleza creado por la fe y la luz que reluce en las caras de los santos, a través de quienes Su propia luz se hace visible.

Las tentaciones de Jesús

La historia de las tentaciones sigue al relato del bautismo de Jesús, en el que se prefiguran el misterio de la muerte y la resurrección, del pecado y la redención, del pecado y el perdón: Jesús desciende a las profundidades del Jordán. Ser sumergido en un río es una representación simbólica de la muerte. Se entierra la vieja vida para que pueda empezar la nueva. Puesto que Jesús está libre de pecado, no tiene ninguna vieja vida que enterrar, de modo que la aceptación del bautismo es una anticipación del tormento y muerte en la cruz y la entrada de nuestro destino, la aceptación de nuestros pecados y de nuestra muerte. En el momento en que emerge de nuevo, los cielos se abren y desde ellos resuena la voz con la que el Padre lo reconoce como Su Hijo. Los cielos abiertos son un símbolo que indica que su descenso a nuestra noche inaugura un nuevo día y, a través de esta identificación del Hijo con nosotros, se rompe la barrera entre el hombre y Dios: Dios ya no es inaccesible; nos busca en la profundidad de la muerte y de nuestros pecados para llevarnos de nuevo a la luz. En este sentido, el bautismo de Jesús anticipa el drama entero de su vida y muerte y al mismo tiempo nos permite comprenderlo a nosotros.

Su sufrimiento

Jesús, cuyo amor divino es lo único que podía y puede redimir a toda la humanidad, quiere que compartamos su cruz para así poder completar lo que todavía falta en sus padecimientos (cfr. Col 1:24). Siempre que mostramos compasión por los que sufren, por los perseguidos y por los indefensos, y compartimos sus pesares, ayudamos a llevar la misma cruz que llevó Jesús. De esta forma logramos la salvación y contribuimos a la salvación del mundo.

El rostro en el paño

«Tu rostro buscaré, Señor, no me escondas tu rostro» (Sal 26:8–9). Verónica —Berenice, según la tradición griega— encarna este anhelo común de todos los hombres píos del Antiguo Testamento, el anhelo de todos los creyentes de ver el rostro de Dios. Al principio, en el Vía Crucis de Jesús ella no hizo más que prestar un servicio de bondad femenina: ofreció un paño a Jesús. No se dejó disuadir ni por la brutalidad de los soldados ni por el miedo que inmovilizó a los discípulos. Es la imagen de aquella mujer buena que, en la turbación y en la oscuridad del corazón, muestra el valor nacido de la bondad y no permite que su corazón se desconcierte.

«A la luz de Cristo»

Cristo es totalmente diferente a todos los fundadores de otras religiones y no puede ser reducido a un Buda o a un Sócrates o a un Confucio. Es en verdad el puente entre el cielo y la tierra, la luz de la verdad que se nos ha aparecido. El don de conocer a Jesús no significa que no haya fragmentos importantes de verdad en otras religiones. A la luz de Cristo, podemos instaurar un diálogo fructífero (...) en el que podemos ver cómo todos estos fragmentos de verdad contribuyen a una mayor profundización de nuestra fe y a una auténtica comunión espiritual de la humanidad. (...) Diría que en el momento actual el diálogo con las demás religiones es el punto más importante: comprender cómo por una parte Cristo es único, y por otra parte cómo responde a todos los demás, que son precursores de Cristo y que están en diálogo con Cristo.

IV

EL ESPÍRITU SANTO

Una continuación de la historia

La tercera parte del Credo se refiere en primer lugar al Espíritu Santo no como la tercera persona de la Trinidad, sino como el regalo de Dios a la historia en la comunidad de aquellos que creen en Cristo. (...) La tercera parte está pensada para comprenderse como una continuación de la historia de Cristo en el don de Espíritu y, en consecuencia, como una referencia a los «últimos días» entre la venida de Cristo y su regreso. Habla, como ya hemos visto, no de la vida interior de Dios sino de un «Dios que mira afuera», del Espíritu Santo como el poder a través del cual el Dios resucitado sigue presente en la historia y en un mundo nuevo. Esta tendencia produjo por sí misma otro desarrollo más. El hecho de que aquí la cuestión no sea el Espíritu como una persona dentro de Dios sino como el poder de Dios en la historia que se abre con la resurrección de Jesús causó el efecto de que en la conciencia de los que oran la fe en el «Espíritu» y la fe en la Iglesia interactúan la una con la otra.

Cristo sigue presente

Cristo sigue presente a través del Espíritu Santo en toda su franqueza y amplitud y libertad, que aunque de ningún modo excluyen su forma institucional, sí limitan sus demandas y le impiden caer en la tentación de convertirse en una institución terrenal más.

La obra del Espíritu: la revelación

En Cristo Dios ha dicho todo, es decir, se ha manifestado así mismo y, por lo tanto, la revelación ha concluido con la realización del misterio de Cristo tal como se enuncia en el Nuevo Testamento.

¿Qué es la revelación?

Si se entiende la revelación como una serie de comunicaciones sobrenaturales, que acontecieron en el tiempo de la actividad de Jesús y que concluyeron definitivamente con la muerte de los Apóstoles, entonces la fe, a nivel práctico, se debe entender sólo como vínculo con una construcción de pensamientos realizada en el pasado. Pero este concepto historicista e intelectualista de revelación, que se ha ido formando progresivamente en la época moderna, es simplemente falso. En efecto, la revelación no está constituida por una serie de afirmaciones; la revelación es Cristo mismo. Él es el Logos, la Palabra que abarca todo, en la que Dios mismo se manifiesta a sí mismo, y al que, por tanto, llamamos Hijo de Dios. Este único Logos se comunicó naturalmente con palabras comunes, en las que nos presenta lo que Él es. Pero la Palabra es siempre más grande que las palabras y nunca se expresa completamente a través de las palabras.

El Espíritu hoy

En el seno de un mundo reseco a causa del escepticismo racionalista se ha producido una nueva experiencia del Espíritu Santo, un verdadero momento de renovación a escala mundial. Lo que el Nuevo Testamento dice en referencia a los carismas como signos visibles de la venida del Espíritu ya no es sólo historia antigua, pasado: esta historia se está convirtiendo hoy en una ardiente realidad.

V

MARÍA

¿Cómo era María?

En Lucas, María representa la encarnación de la memoria de la Iglesia. (...) De este modo María se convierte en un modelo para la misión de la Iglesia, es decir, la de ser un hogar para el Mundo, preservándolo y manteniéndolo a salvo en períodos de confusión, protegiéndolo, por así decirlo, de los elementos.

«Un ser humano profundo»

Ella es también la interpretación de la parábola de la semilla plantada en tierra fértil que da frutos multiplicados por cien. (...) Es un ser humano profundo. Deja que el mundo penetre en su interior. Es así como el proceso de fructífera transformación puede tomar lugar en dos sentidos: ella saturó la Palabra con su vida, por así decirlo, poniendo la savia y la energía de su vida al servicio del mundo; pero por ello, a la inversa, su vida quedó permeada, enriquecida y profundizada por las energías del mundo, dándole significado a todo.

El «fiat» de María (Su respuesta al ángel anunciador)

El *fiat* de María, la palabra de su corazón, ha cambiado la historia del mundo, porque trajo el Salvador al mundo.

«La hija de Sión»

Como la verdadera «hija de Sión», María es la imagen de la Iglesia, la imagen del creyente que sólo puede alcanzar su ser y la salvación a través del don del amor, a través de la gracia.

La valentía de María

Se le había dicho: «Concebirás en tu vientre y darás a luz un hijo. Será grande y el Señor Dios le dará el trono de David, su padre» (Lc 1:31 ss). Pero poco más tarde el viejo Simeón le diría también: «y a ti, una espada te traspasará el alma» (Lc 2:35). Entonces ella recordaría las palabras de los profetas como éstas: «Maltratado, voluntariamente se humillaba y no abría boca; como un cordero llevado al matadero» (Is 53:7). Ahora se hace realidad. En su corazón habrá guardado siempre la palabra que el ángel le había dicho cuando todo comenzó: «No temas, María» (Lc 1:30). Los discípulos huyeron, ella no. Se quedó allí, con el valor de madre, con la fidelidad de madre, con la bondad de madre, y con una fe que no tambaleó en la hora de oscuridad: «Bendita tú que has creído» (Lc 1:45).

«Regresar a María»

Si el lugar ocupado por María ha sido esencial para el equilibrio de la fe en el pasado, hoy es clave como en pocas otras épocas de la historia de la Iglesia redescubrir ese lugar. Hace falta regresar a María si queremos volver a la «verdad sobre Jesucristo», la «verdad sobre la Iglesia» y la «verdad sobre el hombre».

Oración a María

Santa María, Madre de Dios, permaneciste fiel cuando los discípulos huyeron. Al igual que creíste el mensaje increíble de los ángeles, que serías la madre del Altísimo, también has creído en la hora de su mayor humillación. De esta forma, en la hora de la cruz, en la hora de la noche más oscura del mundo, te convertiste en la Madre de los creyentes, en la Madre de la Iglesia. Te rogamos que nos enseñes a creer y nos ayudes para que la fe nos impulse a servir y dar muestras de un amor que socorre y que sabe compartir el sufrimiento.

VI

LA CREACIÓN

La creación: una expresión de amor

No hay nada degradante en la dependencia cuando ésta se presenta como una forma de amor, pues entonces ya no es dependencia, la reducción del yo a través de la competencia con otros. La dependencia que toma forma de amor es precisamente lo que constituye el yo como tal y lo libera, pues esencialmente el amor adopta la postura de decir: «Quiero que seas». Es la creatividad, el único poder creativo, que puede hacer avanzar al otro sin envidia y sin pérdida de la identidad.

VII

LA HUMANIDAD

«El cielo y la tierra se tocan»

En el ser humano, el cielo y la tierra se tocan. A través del ser humano, Dios entra en su creación; el ser humano está directamente emparentado con Dios. (...) Dios conoce y ama a todos y cada uno de los seres humanos. Todos son la voluntad de Dios y todos son Su imagen. Precisamente en esto consiste la profunda y gran unidad de la humanidad, en que cada uno de nosotros, todo ser humano individual, hace realidad un solo proyecto de Dios y tiene su origen en la misma idea creativa de Dios.

Hoy

Este es otro aspecto del problema actual: se busca algo religioso, algo religioso que dé cierta satisfacción, porque el hombre tiene el deseo de encontrarse con el infinito, de tener esta respuesta de otra dimensión, de un «más allá» que además irradia la dulzura, la esperanza que las cosas materiales no pueden dar. Realmente pienso que esta es verdaderamente una gran tendencia de hoy: separarse de la necesidad de la fe, de un sí concreto a Dios pleno de sentido. La gente busca un sentimiento satisfactorio, una especie de mística anónima que da un poco de respiro, pero que no exige ningún compromiso. Aunque puede ser agradable entrar en esta dimensión mística —sin ningún compromiso— se transforma también en algo vacío, en una satisfacción inmediata de una necesidad en la que al final el yo permanece en la cárcel del yo.

El ser capaz de orar

El valor de cada vida humana, bajo la perspectiva del «Evangelio de la vida» deriva de que es la «imagen» de Dios, de que tiene, en su «parecido» al Creador, una tendencia a establecer una relación con él. Sí, el hombre es en verdad grande precisamente porque es «capaz de Dios», porque se le ha invitado a entrar en una relación con Dios y a llamarle «Tú». Sí, a la pregunta: «¿Qué es precisamente lo que distingue al hombre de los animales y por qué la vida humana merece un respeto tan absoluto?», uno debe responder: el hombre es el ser capaz de pensar en Dios, es el ser capaz de orar.

Miembros del Cuerpo de Cristo

Debemos ver siempre en los demás seres humanos a personas con las que un día compartiremos la gloria de Dios. Debemos mirarles como personas que están llamadas, junto a nosotros, a ser miembros del Cuerpo de Cristo, con quienes un día nos sentaremos a la mesa con Abraham, Isaac y Jacob y con el propio Cristo, como hermanos y hermanas, los hermanos y hermanas de Cristo, y como hijos de Dios.

La soberbia del hombre

La soberbia de pensar que podemos crear seres humanos nosotros mismos lleva a transformar al hombre en una especie de mercancía, que puede ser comprada y vendida o almacenada como reserva de materiales para nuestros experimentos, con los cuales esperamos superar por nosotros mismos la muerte, mientras que, en realidad, no hacemos más que mancillar cada vez más profundamente la dignidad humana. Señor, ayúdanos porque hemos caído. Ayúdanos a renunciar a nuestra soberbia destructiva y, aprendiendo de tu humildad, a levantarnos de nuevo.

El núcleo del misterio: la humildad

Esta es, entonces, la pregunta: ¿Estamos verdaderamente alertos? ¿Somos libres? ¿Somos flexibles? ¿Es que acaso todos nosotros no padecemos de cierto esnobismo, de un escepticismo arrogante? ¿Cómo puede alguien oír la voz de un ángel si está convencido de antemano de que los ángeles no existen? Incluso si llegara a oírla, lo atribuiría a cualquier otra cosa. ¿Y qué decir del individuo que está acostumbrado a situarse siempre como juez? Cada vez comprendo más por qué San Agustín creía que la *humilitas,* la humildad, era el núcleo del misterio de Cristo.

«Sobre las aguas del tiempo»

¿No estamos todos tan sumergidos, un día tras otro, una tarea tras otra, en las minucias de la vida cotidiana, en sus inacabables exigencias y dificultades, que no tenemos tiempo ni siquiera para nosotros?

Si es así, entonces ésta debe ser la hora en que nos elevemos por encima de esas cosas, la hora en que, durante un instante, intentemos ver los cielos sobre las aguas y las estrellas que brillan sobre nosotros para poder, al mismo tiempo, comprendernos a nosotros mismos. Debemos tratar de revisar y evaluar el camino que hemos recorrido. Debemos tratar de ver dónde nos hemos equivocado, qué es lo que nos ha obstruido el camino que conduce a nosotros mismos y a los demás.

«El hombre ha caído»

El hombre ha caído y cae siempre de nuevo: cuántas veces se convierte en una caricatura de sí mismo y, en vez de ser imagen

de Dios, ridiculiza al Creador. ¿No es acaso la imagen por excelencia del hombre la de aquel que, bajando de Jerusalén a Jericó,
cayó en manos de los salteadores que lo despojaron, dejándolo
medio muerto, sangrando al borde del camino? El Jesús que cae
bajo la cruz no es sólo un hombre extenuado por la flagelación.
El episodio relata algo más profundo, como dice Pablo en la
Carta a los Filipenses: «Él, siendo de condición divina, no retuvo
ávidamente el ser igual a Dios, sino que se despojó de sí mismo
tomando la condición de siervo, haciéndose semejante a los
hombres y apareciendo en su porte como hombre; y se humilló
a sí mismo, obedeciendo hasta la muerte y muerte de cruz»
(Flp 2:6–8).

Jesús no cae

De forma análoga, el relato de las tentaciones es una anticipación, un reflejo del misterio de Dios y del hombre, del misterio
de Jesucristo. En ellas Jesús continúa el descenso que inició en el
momento de la encarnación, que se hizo visible públicamente en
el bautismo y que lo llevará hasta la cruz y a la tumba, al *sheol*, al
mundo de los muertos. Pero en ellas se produce también una
nueva subida, que abre y hace posible la salida del hombre desde
su abismo y más allá de sí mismo. Los cuarenta días de ayuno de
Jesús en el desierto recuerdan, ante todo, los cuarenta días que
Moisés pasó ayunando en el monte Sinaí antes de recibir la Palabra de Dios, las tablas sagradas de la alianza. También pueden
recordar el relato rabínico según el cual Abraham, en su camino
hacia el monte Horeb, no tomó alimento ni bebida durante cuarenta días y cuarenta noches, y se alimentaba con la mirada y con
la palabra del ángel que lo acompañaba. Además, nos recuerdan
los cuarenta años de desierto de Israel, que fueron el tiempo de
su tentación, así como el tiempo de una cercanía particular de
Dios. Los Santos Padres vieron también en el número cuarenta

un símbolo del tiempo de la historia humana y, de esta forma, consideraron los cuarenta días de Jesús en el desierto como la imagen de toda vida humana. Las tentaciones de Jesús, por último, podían también así entenderse como la reanudación y la superación de la tentación originaria de Adán. De hecho, la carta a los hebreos subraya con claridad que Jesús es capaz de compadecerse de nosotros, porque Él mismo fue probado de todas las formas posibles, como nosotros, naturalmente excepto en el pecado (Hb 4:15; 2:18). Ser tentado es parte esencial de su condición de hombre, por haber descendido, en comunión con nosotros, al abismo de nuestra miseria.

VIII

EL JUDAÍSMO

«Ya desde niño»

Ya desde niño, no alcanzaba a entender por qué algunos querían extraer de la muerte de Jesús una condena a los judíos, pues el siguiente pensamiento había penetrado en mi alma como un profundo consuelo: la sangre de Jesús no llama a la venganza, sino a la reconciliación. Se ha convertido, como muestra la Carta a los hebreos, en un día eterno de expiación a Dios.

Los judíos y los cristianos deben aceptarse los unos a los otros en una profunda y sincera reconciliación, sin que por ello falten a su fe ni la nieguen, sino desde lo más profundo de esa misma fe. En su reconciliación deben convertirse en una fuerza en favor del mundo y de la paz en la tierra. A través de su testimonio del único Dios, a quien no puede adorarse fuera de la unidad del amor, tanto a Dios como al prójimo, deben abrir la puerta del mundo a este Dios, de modo que se haga su voluntad tanto en la tierra «como en el Cielo», de modo que «venga a nosotros Su reino».

«Dos cosas están muy claras»

Dos cosas están muy claras en las Sagradas Escrituras. En la Carta de San Pablo a los romanos se dice claramente: «La fidelidad de Dios está absolutamente clara. Él es fiel a sus promesas». Y por eso, por una parte, el pueblo de Abraham siempre será el pueblo de Dios. Pero también está claro que Jesús es el Salvador de todos, no sólo de los demás pueblos; Él es judío y el Salvador, especialmente de Su propio pueblo. San Bernardo de Claraval dijo: «Dios salvó, se reservó para Él mismo, la salvación de Israel. Lo hará Él mismo, en persona». Y así, debemos dejárselo al propio Dios convencidos y sabiendo que Cristo es el Salvador de todo Su pueblo y de todos los pueblos. Pero cómo vaya a hacerlo está sólo en Sus manos.

IX

LA IGLESIA

Lucecitas en las tinieblas de la historia

Seguir a Cristo implica amar a su Iglesia, su cuerpo místico. Caminando así, encendemos lucecitas en el mundo, disipamos las tinieblas de la historia.

¿Por qué la Iglesia no debe seguir las modas?

En una entrevista que concedió en 1975, Eugene Ionesco, uno de los fundadores del teatro del absurdo, expresó con vehemencia la pasión por el descubrimiento y la investigación característistica del hombre contemporáneo. Permítame que le cite unas pocas frases de esa entrevista: «La Iglesia no quiere perder a su clientela actual; pero sí quiere hacerse con nuevos miembros. La consecuencia es una especie de secularización que resulta lamentable. El mundo está perdiendo el rumbo y la Iglesia se está perdiendo en el mundo. (...) He oído a un sacerdote decir en la Iglesia: seamos felices, démonos las manos. (...) ¡Jesús se complace en desearnos un "buen día"! No pasará mucho hasta que abran un bar en las iglesias para la Comunión del pan y el vino donde se ofrezcan bocadillos y Beaujolais. (...) No se nos deja nada, nada sólido. Todo fluye. Pero lo que necesitamos de verdad es una roca». Me parece a mí que si escuchamos a las voces de nuestra época, las de gente que vive, ama y sufre conscientemente en el mundo contemporáneo, nos daremos cuenta de que no podemos servir a este mundo si le ofrecemos una especie de oficiosidad banal. El mundo no necesita confirmación, sino transformación, del mensaje radical del Evangelio.

La tentación de la Iglesia de hacerse con el poder político

El imperio romano cristiano intentó muy pronto hacer de la fe un factor político de su unidad. El reino de Cristo debería asumir la configuración de un reino político y su gloria ser del tipo que corresponde a un reino político. Se supuso que la debilidad de la fe, la fragilidad terrena de Jesucristo, se sostendría por medio del poder político y militar. A lo largo de los siglos esta tentación de asegurar la supervivencia de la fe con el poder ha vuelto a presentarse de múltiples formas, y siempre la fe ha corrido el riesgo de quedar ahogada precisamente por los abrazos del poder. La lucha por la libertad de la Iglesia, la lucha para lograr que el reino de Jesús no se asimilara a ninguna forma política, debe librarse en cada siglo. En efecto, el precio por la unión de fe y poder político se paga siempre al final con el hecho de que la fe queda al servicio del poder y debe someterse a sus criterios.

Sobre convertirse en Pontífice Supremo de la Iglesia

Sorprendiendo toda previsión mía, la Providencia divina, a través del voto de los venerados padres cardenales, me ha llamado a suceder a este gran Papa. Vuelvo a pensar en estas horas en lo que sucedió en la región de Cesarea de Filipo hace dos mil años. Me parece que estoy escuchando las palabras de Pedro: «Tú eres el Cristo, el Hijo de Dios vivo» y la solemne afirmación del Señor: «Tú eres Pedro y sobre esta piedra edificaré mi Iglesia (...) Te daré las llaves del reino de los cielos».

¡Tú eres Cristo! ¡Tú eres Pedro! Me parece revivir la misma escena evangélica; yo, sucesor de Pedro, repito con trepidación las palabras trepidantes del pescador de Galilea y vuelvo a escuchar con emoción íntima la consoladora promesa del divino Maestro. Si es enorme el peso de la responsabilidad que cae sobre mis pobres hombros, es ciertamente desmesurada la potencia divina con la que puedo contar: «Tú eres Pedro y sobre esta piedra edificaré mi Iglesia». Al elegirme como obispo de Roma, el Señor me ha querido vicario suyo, me ha querido «piedra» en la que todos puedan apoyarse con seguridad. A Él pido que supla a la pobreza de mis fuerzas, para que sea valiente y fiel pastor de su rebaño, siempre dócil a las inspiraciones del Espíritu Santo.

Sobre sus sentimientos como Papa

¡Gracias y paz en abundancia para ustedes! En mi alma conviven en estas horas dos sentimientos contrastantes. Por una parte, un sentido de inadecuación y de turbación humana por la responsabilidad que me han confiado ayer de cara a la Iglesia universal, como sucesor del apóstol Pedro en esta sede de Roma. Por otra parte, siento viva en mí una gratitud profunda a Dios que, como nos hace cantar la liturgia, no abandona su rebaño, sino que lo conduce a través de los tiempos bajo la guía de aquellos que Él mismo ha elegido vicarios de su Hijo y ha constituido pastores.

X

LOS SACRAMENTOS

Anticipación del nuevo mundo

El camino de Israel tenía como meta la tierra prometida; toda la humanidad busca algo semejante a la tierra prometida. La liturgia pascual es muy concreta en este punto. Su meta son los sacramentos de la iniciación cristiana: el bautismo, la confirmación y la sagrada Eucaristía. Así, la Iglesia nos dice que estos sacramentos son la anticipación del mundo nuevo, su presencia anticipada en nuestra vida.

El bautismo: una nueva vida

En la Iglesia antigua el catecumenado era un camino, paso a paso, hacia el bautismo: un camino de apertura de los sentidos, del corazón, de la inteligencia a Dios; un aprendizaje de un nuevo estilo de vida; una transformación del propio ser en la creciente amistad con Cristo en compañía de todos los creyentes. Así, después de las diversas etapas de purificación, de apertura, de nuevo conocimiento, el acto sacramental del bautismo era el don definitivo de una vida nueva; era muerte y resurrección, como dice San Pablo en una especie de autobiografía espiritual: «Estoy crucificado con Cristo: vivo yo, pero no soy yo, es Cristo quien vive en mí. Y mientras vivo en esta carne, vivo de la fe en el Hijo de Dios, que me amó hasta entregarse por mí» (Ga 2:20).

La resurrección de Cristo no es simplemente el recuerdo de un hecho pasado. En la noche pascual, en el sacramento del bautismo, se realiza hoy realmente la resurrección, la victoria sobre la muerte.

Confesión: «Es esto lo que necesitamos»

La confesión del propio pecado puede parecer algo muy duro para la persona, puesto que humilla su orgullo y la hace enfrentarse con su propia pobreza. Es esto lo que necesitamos y es exactamente ese el motivo por el cual sufrimos: nos cerramos en nuestro propio delirio exento de culpa y por ese motivo nos cerramos a los demás y a cualquier comparación con ellos. En los tratamientos psicoterapéuticos se hace que una persona lleve la carga de profundas y a menudo peligrosas revelaciones de su yo interior. En el sacramento de la penitencia, la simple confesión de la propia culpa se presenta con confianza en la bondad piadosa de Dios. Es importante hacerlo sin reticencia, con el espíritu de confianza propio de los hijos de Dios. De este modo la confesión puede convertirse en una experiencia liberadora, en la que se nos quita de encima el peso del pasado y mediante la cual podemos sentirnos rejuvenecidos por el mérito de la gracia de Dios, que cada vez nos devuelve la juventud al corazón.

«La Eucaristía es una celebración de la caridad»

La Eucaristía crea la Iglesia, crea esta gran red de comunión que es el Cuerpo de Cristo, y así crea la caridad.

«En la nueva Jerusalén»

La Eucaristía es, pues, un proceso de transformaciones que emana del poder de Dios de transformar el odio y la violencia, de su poder de transformar el mundo. Debemos entonces rezar para que el Señor nos ayude a celebrar y a vivir la Eucaristía de este modo. Le rezamos para que nos transforme y, con nosotros, al mundo, en la nueva Jerusalén.

La Eucaristía: «El corazón de la vida cristiana»

La Eucaristía, corazón de la vida cristiana y fuente de la misión evangelizadora de la Iglesia, no puede dejar de constituir el centro permanente y la fuente del servicio petrino que me ha sido confiado.

La Eucaristía hace presente constantemente a Cristo resucitado, que sigue entregándose a nosotros, llamándonos a participar en la mesa de su Cuerpo y su Sangre. De la comunión plena con Él brota cada uno de los elementos de la vida de la Iglesia, en primer lugar la comunión entre todos los fieles, el compromiso de anuncio y testimonio del Evangelio, el ardor de la caridad hacia todos, especialmente hacia los pobres y los pequeños.

La Eucaristía: «Vivir con vistas a la resurrección»

El fin de la Eucaristía es la transformación de los que la reciben en la auténtica comunión. Así, el fin es la unidad, la paz, que nosotros mismos, como individuos separados, que viven los unos junto a los otros o los unos contra los otros, llegamos a ser con Cristo y en Él un organismo de donación para vivir con vistas a la resurrección y al mundo nuevo.

Verdaderamente el único e idéntico Señor es a quien recibimos en la Eucaristía; o mejor, Él es el que nos acoge y nos asume en sí. San Agustín expresó esto con unas palabras que percibió en una especie de visión: «Come el pan de los fuertes; no me transformarás en ti, sino que yo te transformaré en mí». Eso quiere decir: el alimento corporal que asumimos es asimilado por el cuerpo, se convierte él mismo en un elemento constitutivo de nuestro cuerpo. Pero este pan es de otro tipo. Es más grande y más elevado que nosotros. No somos nosotros los que asimilamos, sino que es Él el que nos asimila a sí; de esta forma, en algún modo, llegamos a configurarnos a Cristo, como dice San Pablo, nos hacemos miembros de su cuerpo, una sola cosa en Él.

Dos grandes santos

En realidad, los grandes santos sociales eran también grandes santos eucarísticos. Sólo quisiera citar dos ejemplos, escogidos al azar entre muchos posibles. Ante todo, la amable figura de San Martín de Porres, que nació en 1569, en Lima (Perú), de una madre afroamericana y de un noble español. Martín vivía de la adoración al Señor presente en la Eucaristía. Pasaba noches enteras en oración ante el crucifijo, mientras de día atendía incansablemente a los enfermos y cuidaba de los pobres y de las personas marginadas o despreciadas por la sociedad, a las que, al ser mulato, se sentía cercano por su origen. El encuentro con el Señor, que se entrega a nosotros en la cruz y nos transforma a todos nosotros por medio del único pan en miembros de un solo cuerpo, se traduce, cuando se responde a él plenamente, en el servicio a los que sufren, en la solicitud por los débiles y los olvidados.

En nuestro tiempo, tenemos aún ante los ojos la imagen de la madre Teresa de Calcuta. Dondequiera que abría las casas de sus monjas al servicio de los moribundos y los marginados, lo primero que pedía era un lugar para el Sagrario, porque sabía que sólo de allí podía venir la fuerza para ese servicio.

La celebración del misterio cristiano

«La celebración del misterio cristiano». Esto quiere decir que los sacramentos se contemplan por completo como una historia de salvación, basados en el misterio pascual —el centro pascual de la vida y la obra de Cristo—, como una representación del misterio pascual en el que estamos incluidos. Quiere decir eso que también los sacramentos se comprenden totalmente como liturgia, en términos de celebración litúrgica concreta. En esto el catecismo ha cumplido un importante papel más allá de las tradicionales enseñanzas neoescolásticas sobre los sacramentos. Ya la teología medieval separó en buena medida la consideración teológica de los sacramentos de su realización litúrgica y, procediendo desde este punto, trató las categorías de institución, signo, eficacia, ministro y receptor, de modo que sólo lo que se refería al signo mantuvo una conexión con la celebración litúrgica. Ciertamente, el signo no era considerado tanto en la forma litúrgica viva y concreta, dado que fue analizado según las categorías filosóficas de materia y forma. Cada vez más, la liturgia y la teología fueron separándose la una de la otra; los dogmáticos no interpretaban la liturgia, sino su contenido teológico abstracto, de modo que la liturgia parecía ser casi una recopilación de ceremonias que vestían lo esencial —la materia y la forma— y por ese motivo eran reemplazables. A su vez, la «ciencia litúrgica» (dentro de lo que uno puede llamarla ciencia) se tornó en una enseñanza de las normas litúrgicas vigentes y con ello se acercó a convertirse en una especie de positivismo jurídico. El movimiento litúrgico de los años 20 trató de sobreponerse a esta peligrosa separación y buscó comprender la naturaleza de los sacramentos basándose en su forma litúrgica; buscó entender la liturgia no sólo como una recopilación más o menos azarosa de ceremonias, sino como el desarrollo de lo que procedía del interior del sacramento y tenía su expresión consistente en la celebración litúrgica.

Celebrando la Eucaristía

Estoy convencido de que la crisis eclesiástica en la que nos hallamos sumidos hoy procede en buena parte del hundimiento de la liturgia, que a veces se concibe *etsi Deus non daretur,* como si en la liturgia ya no importara si Dios existe y si nos habla y nos escucha. Pero si en la liturgia desaparece la comunión de la fe, desaparece la unidad universal de la Iglesia y su historia, desaparece el misterio del Cristo vivo, ¿dónde es que aparece la Iglesia con su fuerza espiritual?

Matrimonio: «Una especie de muerte»

El amor es siempre una especie de muerte. Morimos una y otra vez en el matrimonio, en la familia y en todos los tratos con nuestros prójimos. El poder del egoísmo puede explicarse a la luz de esta experiencia. Es una huida —una huida que comprendemos demasiado bien— del misterio de muerte que es el amor. Al mismo tiempo, sin embargo, es sólo esta muerte que es el amor la que es verdaderamente fructífera.

El ministerio sacerdotal

El ministerio sacerdotal nació en el Cenáculo, junto con la Eucaristía, como tantas veces subrayó mi venerado predecesor Juan Pablo II. «La existencia sacerdotal ha de tener, por un título especial, "forma eucarística"», escribió en su última Carta para el Jueves Santo. A este fin contribuye la devota celebración cotidiana de la Santa Misa, centro de la vida y de la misión de cada sacerdote.

EL MUNDO DE HOY

Benedicto XVI reconoce que llevar una vida moral parece difícil y sacrificado. Pero al final, afirma, es el modo más fácil y gozoso de vivir. Está convencido que hay ciertos actos y conductas que son malos y que conducen a los seres humanos a la miseria y a la muerte. Pero también apunta los peligros de una falsa piedad que se limita a seguir las reglas por miedo o lo hace sin alegría y convicción, como el hermano del hijo pródigo. Este tipo de moral puede hacer que una persona rechace tomar parte en el banquete y resultar tan dañina como la inmoralidad.

En el transcurso ordinario de una vida no hay mayor felicidad para los seres humanos que la felicidad de estar en familia. Dentro de la familia no existen las barreras de sospecha y desconfianza que tan comunes son en nuestro mundo. Empezando por el amor entre un marido y su mujer, una familia es una serie de relaciones de confianza y amor encadenadas. Los padres y las madres se complacen en amar a sus hijos y en proveerles de un hogar feliz y seguro. Y que los niños experimenten este amor aporta el fundamento para todas las relaciones de amor que tendrán en sus vidas. Esta alegría natural puede verse perturbada por el pecado, con el que la familia puede quedar fracturada y rota. Pero precisamente por lo frágil que es, es también algo muy valioso. Para el Papa Benedicto, la familia es un tesoro que la sociedad debe ayudar a sostener por todos los medios posibles. Cree que uno de los principales objetivos de la Iglesia y de sus ministros es aportar un marco dentro de cual nutrir y guiar a los jóvenes para que entren en el matrimonio con una comprensión profunda del significado de su amor. Las enseñanzas de la Iglesia sobre la moral sexual están dirigidas a este fin, para que el gozo natural de la familia pueda ser profundo y duradero.

El Papa sufre por todo el dolor y el horror que han causado las pasiones y los pecados de los hombres a lo largo de la historia, incluyendo la persecución nazi de los judíos y otros genocidios y persecuciones acaecidos a lo largo de los siglos. Pero también insiste en que no toda la historia es tragedia. Celebra la lucha por construir ciudades y naciones en las que vivir, por cultivar y cuidar la tierra, por explorar a través de la ciencia las maravillas de la naturaleza, por crear culturas y civilizaciones en las que los seres humanos puedan vivir con dignidad. En sus reflexiones sobre la historia humana, el Papa ve un patrón en el que la providencia divina parece conducir al mundo a un destino todavía no revelado.

Según el cristianismo, la historia no es eterna, sino que tendrá un final, un final al que no debe temerse porque no es sino el umbral de la realidad eterna hacia la que la historia humana está dirigida.

La política parece el área de la experiencia humana que más influencia tiene en nuestra vida cotidiana. De ella depende cuánta libertad tenemos, cuánta prosperidad, cuánta pobreza, etc. Benedicto cree que ciertos sistemas de gobierno son incompatibles con la dignidad y la felicidad humanas. Se ha opuesto particularmente a los fanatismos y a las ideologías que violentan a los ciudadanos individuales por el bien de alguna «causa». Ha criticado, por ejemplo, la noción marxista de «lucha de clases», que arracima a las personas por clase sin tener en cuenta su individualidad. Para él, siempre hay que defender unos estándares fundamentales de dignidad humana y de vida sin ceder ante la opinión de la mayoría.

Todo intento de expresar esperanzas y miedos, alegrías y pesares o amor a la belleza en cualquier arte —música, pintura, escultura, drama, poesía, etc.— es noble y digno de elogio, según Benedicto. Estas creaciones del ingenio humano forman un tejido de interpretación de la experiencia que contribuye a nuestra comprensión y disfrute del mundo. Aun así, también el arte puede caer en períodos de decadencia, igual que puede sucederle a una cultura entera. Para Benedicto, la fe cristiana ha sido históricamente capaz de aportar ciertas verdades y valores profundos que han ayudado a alcanzar las cumbres más altas de la excelencia artística y el poder espiritual.

En cuanto a la modernidad, Benedicto considera que el relativamente corto período de dos siglos transcurrido desde la Ilustración ha erosionado los conceptos de familia y comunidad tradicionales. Esta característica de nuestras modernas sociedades, urbanas y atomizadas, trae consigo una profunda sensación de «alienación»; una «desacralización» que ha progresado hasta un punto en que los creyentes religiosos encuentran difícil ser aceptados socialmente. Este «totalitarismo de lo secular» *de facto* es uno de los grandes males de la modernidad, cree el Papa. La libertad humana y la verdadera felicidad requieren un vínculo con lo trascendente. En este aspecto él es un crítico profundo del malestar espiritual que caracteriza la modernidad.

Con respecto al ecumenismo y a otras religiones, Benedicto ha dejado muy claro que desea que las relaciones entre todos los cristianos sean más próximas y fuertes. También subrayó que desea mantener una postura abierta y dialogante con los creyentes de otras fes.

Los últimos quince años han visto el fin de la Unión Soviética y la unificación de Europa. Del mismo modo que no se puede ignorar la realidad de las diversas fes religiosas, tampoco puede desconocerse que hoy el mundo sigue azotado por la guerra, particularmente en Oriente Medio y en los Balcanes. El Papa Benedicto, como su tocayo Benedicto XV, desea persuadir a los gobiernos para que eviten la guerra y construyan una paz justa. Ha reflexionado a menudo sobre estas cuestiones en sus escritos.

Hoy también se avecinan sobre el futuro de la humanidad una serie de importantes desafíos, como los que proceden de las nuevas industrias biotecnológicas y de la bajísima tasa de natalidad en buena parte del mundo industrializado, particularmente en Europa. El Papa Benedicto ha propuesto soluciones concretas para muchos de esos desafíos y anima a la reflexión y el análisis de todos ellos.

XI

MORALIDAD

«Un pacto con la muerte»

Que la pérdida de la referencia del sabio plan creador de Dios está en la raíz más profunda del desconcierto del hombre contemporáneo y de su miedo a la libertad puede inferirse de una meditación sobre el capítulo segundo del Libro de la Sabiduría.

Allí las insensatas conclusiones de los «impíos» (es decir, de aquellos que no le reconocen ningún significado a la vida) se exponen. Los «impíos» dicen: «Por azar llegamos a la existencia y luego seremos como si nunca hubiéramos sido» (2:2). Escandalizados ante la fragilidad de la vida y la perspectiva de la muerte con la que la primera parece concluir, estos «impíos» niegan la existencia de ningún plan sabio y bueno y, en consecuencia, resuelven dedicarse a disfrutar del momento presente de forma irresponsable. Pero, inevitablemente, la negación de significado y de responsabilidad conduce al exceso, a la injusticia contra los débiles, a la persecución de quién por ser justo da testimonio de que la vida tiene un sentido. En realidad, los impíos han hecho un pacto con la muerte, ellos «con las manos y las palabras llaman a la muerte, teniéndola por amiga, se desviven por ella» (1:16). La libertad, desvinculada de una referencia responsable al sabio plan de Dios y dejada a merced de sí misma en un mundo dominado por el azar, está secretamente minada por un pacto con la muerte, que acaba destruyéndola.

«En su mayoría hechas pedazos»

La cuestión moral se deviene más importante que nunca ante la cuestión de la supervivencia de la humanidad. En la civilización técnica y homogénea que hoy engloba el mundo entero, las viejas certezas morales que hasta ahora han sostenido a las grandes culturas se han visto en su mayoría hechas pedazos. El punto de vista que la técnica adopta sobre el mundo está desprovisto de valores. No se pregunta «¿Debemos hacerlo?», sino «¿Podemos hacerlo?» De hecho, a muchos la pregunta de si «debemos» les parece anticuada, irreconciliable con la emancipación del hombre de todas sus restricciones. Lo que se puede hacer se debe hacer, piensan muchos hoy.

¿Prevalecerá la permisividad?

En un mundo como el occidental, donde el dinero y la riqueza son la medida de todas las cosas, y donde el modelo del libre mercado impone sus implacables leyes en todos los aspectos de la vida, la auténtica ética católica parece a muchos un objeto extraño venido de un lejano pasado. (...) El liberalismo económico crea en el plano moral su exacto homólogo: la permisividad.

«Sólo Él es el bien»

Un joven rico preguntó al Señor: «¿Qué he de hacer de bueno para conseguir vida eterna?» (Mateo 19:16). Esta conversación tiene plena vigencia hoy. Planteamos la pregunta quizá de forma distinta, pero seguimos queriendo saber qué tenemos que hacer para conseguir una vida plena. (...) Si escuchamos atentamente las palabras de Cristo, de ellas emerge la idea de que la búsqueda del bien está inseparablemente unida a un giro hacia Dios. Sólo Él es el bien sin límites. Es el bien por excelencia en una persona. Jesús nos pide que le sigamos y le imitemos en el viaje por el camino del amor, un amor que se da a sí mismo completamente a los hermanos por amor a Dios.

XII

MATRIMONIO Y VIDA EN FAMILIA

El matrimonio monógamo es una norma fundamental de orden en las relaciones entre hombres y mujeres y, al mismo tiempo, una célula de comunidad nacional y educación formada por la fe bíblica. El matrimonio le dio a Europa, tanto en

Oriente como en Occidente, una característica muy especial y una humanidad particular. (...) Europa dejaría de ser Europa si esta célula básica de su estructura social disminuyera o cambiara substancialmente. Todos sabemos cuán en peligro están actualmente el matrimonio y la familia debido a la erosión de la indisolubilidad debido a que los divorcios son cada vez más fáciles de obtener. (...) Estamos ante una disolución de la imagen humana cuyas consecuencias serán, a buen seguro, extremadamente graves.

XIII

JUSTICIA SOCIAL

Paz

La paz no perdurará en la tierra si Dios se vuelve vacío de significado para la gente. Los esfuerzos cristianos por conseguir la paz deben, pues, concentrarse, entre otras cosas, en dejar clara la jerarquía de valores y la jerarquía de males. Trabajar para la paz debe querer decir enseñar a la gente a reconocer qué es lo que hace la paz.

«En este mundo temporal»

Para trabajar por la verdadera justicia debemos ser trabajadores que sean justos por contacto con aquel que es la justicia misma: Jesús de Nazaret. El lugar de este encuentro es la Iglesia. No está presente en ninguna parte con más fuerza que en sus sacramentos y liturgia.

En el misterio de Viernes Santo, el hombre juzga a Dios y la justicia humana le condena. En la vigilia de Pascua, la luz de la justicia de Dios destierra la oscuridad del pecado y la muerte; la piedra en el sepulcro (...) se levanta para siempre, y se le da a la vida humana un futuro que, al ir más allá de las categorías de este mundo, revela el verdadero significado y valor de las realidades terrenales.

Nosotros, los que hemos sido bautizados, como niños de un mundo que está todavía por venir, alcanzamos a entrever en la liturgia de la vigilia de Pascua un poco de ese mundo y a respirar la atmósfera de ese mundo, en el que la justicia de Dios habitará para siempre. Entonces, renovados y transformados por los Misterios que celebramos, podemos caminar en este mundo justamente, viviendo, como dice de forma tan hermosa el Prefacio a la Cuaresma, «Vivamos en este mundo temporal con el corazón puesto en la realidad eterna».

«Un solo lamento»

Es innegable que el modelo liberal de la economía de mercado, sobre todo donde, bajo el influjo de las ideas sociales cristianas, ha sido moderado y corregido, ha llevado en algunas partes del mundo a grandes éxitos. Mucho más triste es el balance que dejó tras de sí, sobre todo en África, la contraposición de los bloques de poder y de los intereses económicos. Detrás de la aparente solidaridad de los modelos de desarrollo se ha ocultado a menudo el deseo de ampliar el alcance de poderes e ideologías específicos para dominar los mercados. En esta situación, se han destruido las antiguas estructuras sociales, espirituales y morales, con consecuencias que resuenan en nuestros oídos como un solo lamento enorme.

Una cosa está clara: sin Dios las cosas no pueden ir bien. Y dado que sólo en Cristo Dios nos ha mostrado su rostro, ha pronunciado su nombre, ha entrado en comunión con nosotros, en consecuencia, en verdad sin Cristo no hay esperanza.

Justicia

La teología clásica, como sabemos, entiende que la virtud de la justicia está compuesta por dos elementos que para los cristianos no pueden existir separados; la justicia es la firme voluntad de dar a Dios lo que es de Dios y a nuestro prójimo lo que es de nuestro prójimo; de hecho, la justicia hacia Dios es lo que llamamos la «virtud de la religión»; la justicia hacia otros seres humanos es la actitud fundamental que respeta al otro como persona creada por Dios.

Dios condenado

En el misterio del Viernes Santo, Dios es juzgado por el hombre y condenado por la justicia humana.

Transformar el mundo

Finalmente, el amor a Cristo es amor a los pobres, a los que sufren. Sabemos bien cómo nuestros papas estaban muy comprometidos con la lucha contra la injusticia, en favor de los derechos de los oprimidos, de aquellos sin poder: el amor a Cristo no es algo individualista, sólo espiritual; concierne a la carne, concierne al mundo y debe transformar el mundo.

Adoración

A ese respecto se refiere la siguiente frase del jesuita alemán Alfred Delp, ejecutado por los nazis: «El pan es importante; la libertad es más importante; pero lo más importante de todo es la adoración». Donde no se respeta esta jerarquía de valores, sino que se altera, ya no existe la justicia, ya no se sale al encuentro del hombre que sufre, sino que incluso también el ámbito de los bienes materiales queda alterado y destruido. Donde Dios es considerado como una fuerza secundaria, que se puede dejar de lado temporal o totalmente por otras cosas más importantes, precisamente esas cosas que se suponen más importantes también se hunden.

Esto no sólo lo demuestra el fracaso del experimento marxista. La ayuda al desarrollo por parte de Occidente basada en principios puramente técnicos y materiales, que no sólo ha dejado de lado a Dios, sino que ha alejado a los hombres de Dios por su orgullo y presunción, ha hecho mucho daño al Tercer Mundo, el Tercer Mundo en el sentido contemporáneo. Ha dejado a un lado las estructuras religiosas, morales y sociales que existían y ha introducido su mentalidad tecnicista en el vacío. Creía que podía transformar las piedras en pan, pero ha dado piedras en vez de pan. Debemos reconocer nuevamente la primacía de Dios y de su palabra.

«No podemos volver a dormirnos»

La justicia ya no debe circunscribirse a las fronteras de un país. Norte y sur, naciones ricas y pobres, forman un sólo mundo en el que el destino de un grupo no está separado del de los demás. (...) Sólo cuando tenemos presente que la justicia debe ser para todo el mundo podemos discernir con claridad lo que la justicia quiere decir para nosotros aquí y ahora. Sólo cuando encontremos, en la autodeterminación de la fe cristiana y en su fuerza moral, la iniciativa para una justicia cristiana para todo el mundo, se podrá poner fin al destructivo mensaje de violencia, que es desmesurado allí donde el egoísmo es más poderoso que lo correcto. Como cristianos, no podemos volver a dormirnos en tiempos de crisis, como pasó hasta cierto punto en el siglo XIX.

«La violencia no soluciona los problemas»

La solidaridad incluye la justicia como su exigencia central. Sólo somos solidarios cuando damos a los demás lo que es suyo por derecho, en razón de su existencia, de su humanidad. Para nosotros, en consecuencia, la base de toda relación económica y social no es la confrontación, sino la caridad y la cooperación. La confrontación es destrucción. La violencia no soluciona los problemas. (...) Se sigue, pues, que los grandes logros sociales, la construcción gradual de un sistema de justicia social, no deben su existencia al programa de Karl Marx, cuyos discípulos querían no una reforma, sino un progresivo deterioro que allanara el camino a su paraíso. ¿Qué podemos concluir de todo esto? Al concepto de la lucha de clases y sus utopías inhumanas debemos oponer el fundamental principio de la solidaridad y la justicia. La decisión sobre lo que es o no correcto no se puede tomar a la ligera. La base de toda comunidad humana es el respeto por lo que está bien. Sin él, a largo plazo, no hay respeto para la propia humanidad ni posibilidad de preservar la dignidad humana.

«Palabras grandilocuentes»

¡Cuántas veces los signos de poder ostentados por los grandes de este mundo son un insulto a la verdad, a la justicia y a la dignidad del hombre! ¡Cuántas veces sus ceremonias y sus palabras grandilocuentes no son en realidad más que mentiras pomposas, una parodia de su solemne obligación de ponerse al servicio del bien!

«Nuestra verdadera grandeza»

Despojémonos de nuestra autosuficiencia, de nuestro engañoso afán de autonomía y aprendamos de Él, del que se ha humillado, a encontrar nuestra verdadera grandeza, humillándonos y dirigiéndonos hacia Dios y los hermanos oprimidos.

❧ XIV ❧

LA HISTORIA HUMANA

«Europa parece haberse vuelto hueca»

Existe en Europa una extraña infelicidad acerca del futuro. Esto resulta particularmente obvio en el caso de los niños, que se ven como una amenaza para el presente; ya no se ven como una esperanza, sino como un límite para el presente. En el momento de su mayor triunfo, Europa parece haberse vuelto hueca, paralizada por una crisis que amenaza con ser mortal...

«Bienaventurados sean los mansos»

El poder se ha convertido en el símbolo máximo de nuestro tiempo. La mansedumbre y la ternura no gozan de mucho aprecio. Hablando en general, es casi imposible usar las palabras mansedumbre o ternura incluso entre cristianos sin provocar reticencias y rechazo. Sin duda, buena parte de la culpa la tienen las caricaturas de la mansedumbre que no saben reconocer su valentía y la valentía de la verdad que tienen su fuente en el amor. Y, sin embargo, no podremos derrotar al clima de poder que nos amenaza a todos a menos que nos opongamos resueltamente a él con una cultura de humanidad, una cultura de mansedumbre.

«Se da una señal»

Cuantas veces nos sorprendemos temiendo que, después de todo, la caótica agitación de este mundo no tenga ningún sentido. (...) Hay un sentimiento generalizado de que los poderes de la oscuridad están en alza, que el bien se encuentra sumido en la impotencia. (...) ¿Seguirá el bien teniendo significado y poder en el mundo? En el establo de Belén se da una señal que nos permite responder con un gozoso ¡Sí! Pues el Niño, el Hijo único de Dios, se manifiesta como una señal y una garantía de que al final Dios tendrá la última palabra en la historia del mundo y de que Él es verdad y es amor.

«*El veneno del hombre*»

Goethe dijo una vez que la lucha entre la fe y el descreimiento era el gran tema de la historia del mundo, retomando con ello uno de los temas de la filosofía de la historia de San Agustín. El propio Agustín, por supuesto, lo expresó de forma distinta: ve en la historia del mundo la lucha entre dos tipos de amor, el amor a uno mismo, que llega hasta el punto de despreciar a Dios, y el amor hacia Dios, que llega al extremo de despreciarse a uno mismo. Hoy quizá podamos formularlo de otra manera: la historia está caracterizada por el enfrentamiento entre el amor y la incapacidad de amar, esa devastación del alma que llega cuando los únicos valores que el hombre es capaz de reconocer como tales son los cuantificables. La capacidad de amar, es decir, la capacidad de esperar pacientemente por cosas que no están bajo el control de uno mismo y de permitirse recibir esto como un regalo, queda sofocada por las vías de gratificación rápida en las que no dependo de nadie, pero en las cuales nunca me veo obligado a salir de mi mismo y, en consecuencia, a través de las cuales nunca podré encontrar el camino a mi propio ser. Esta destrucción de la capacidad de amar da a luz a un aburrimiento letal. Es el veneno del hombre.

XV

POLÍTICA Y PAZ

«Los cimientos de la libertad»

El propósito de la posición política de la iglesia debe ser mantener el equilibrio de un sistema dual como fundamento de la libertad. De ahí que la Iglesia deba plantear exigencias sobre la ley pública y no pueda meramente retirarse a la esfera privada. De ahí también que deba tener cuidado, por otra parte, de que la Iglesia y el Estado sigan separados y que pertenecer a la Iglesia continúe siendo un acto voluntario.

Socialismo democrático

El socialismo democrático se ha demostrado como un saludable contrapeso a las posiciones radicales de los dos modelos existentes (el secular y el de la Iglesia-Estado). Los ha enriquecido y corregido. Ha probado su valía incluso cuando las confesiones se hacen con el poder: en Inglaterra fue el partido de los católicos el que no se encontraba cómodo en el campo protestante conservador ni en el liberal. También en la Alemania guillermina el centro católico continuaba sintiéndose más próximo al socialismo democrático que a los poderes conservadores. En muchos aspectos, el socialismo democrático está y estuvo cerca de las enseñanzas sociales de la Iglesia. En cualquier caso, contribuyó en buena medida a la educación de la conciencia social.

Sobre el derecho y la paz

El derecho internacional se ha desarrollado en nuestro siglo hasta establecer una prohibición total de la guerra y la violencia; desde luego, es un logro notable. Pero muy pronto un experto en derecho internacional expresó sus temores de que precisamente este paso sería el preludio de una era de guerras. ¿Acaso los acontecimientos que se han sucedido no le han dado la razón? Al menos por el momento las grandes guerras han dejado, gracias a Dios, de existir. Pero, ¿acaso no experimentamos a la vez la creciente destrucción del concierto pacífico entre naciones? ¿Es que no hemos sido testigos de la desintegración de la zona de paz creada por las leyes domésticas comunes de las naciones? Cuando la paz doméstica se desintegra, cuando la violencia fundamentada ideológicamente se da por sentada o se considera incluso una virtud de las almas nobles, se abre el camino a una gran violencia. De ese modo contemplamos otra vez lo crucial de construir presas para prevenir la desintegración del imperio de la ley dentro de las naciones y para proteger, con toda la determinación posible, el valor moral de la tradición cristiana.

La libertad

La libertad, para ser una verdadera libertad humana, una libertad en la verdad, necesita la comunión. Una libertad aislada, una libertad sólo para el yo, sería una mentira y destruiría la comunión humana. La libertad, para ser verdadera, y por tanto para ser también eficiente, necesita la comunión, pero no cualquier comunión, sino, en definitiva, la comunión con la verdad misma, con el amor mismo, con Cristo, con Dios uno y trino. Así se construye una comunidad que crea libertad y da alegría.

Pobreza

Un primer grupo de sus seguidores (de don Luigi Giussani) fue a Brasil y allí se encontró con la pobreza extrema, con la miseria. ¿Qué se podía hacer? ¿Cómo afrontarla? Y fue grande la tentación de decir: «Ahora, por el momento, debemos prescindir de Cristo, prescindir de Dios, porque hay necesidades más apremiantes; antes debemos esforzarnos por cambiar las estructuras, las cosas externas; primero debemos mejorar la tierra, luego podremos pensar también en el cielo». Era grande en aquel momento la tentación de transformar el cristianismo en un moralismo, el moralismo en política, de sustituir el creer por el hacer. Porque, ¿qué implica el creer? Se puede decir: «En este momento debemos hacer algo». Y, sin embargo, de esta manera, substituyendo la fe con el moralismo, el creer por el hacer, se cae en particularismos, se pierden sobre todo los criterios y las orientaciones, y al final no se construye, se divide.

Monseñor Giussani, con su fe impertérrita e inquebrantable, supo que, incluso en esa situación, Cristo y el encuentro con Él sigue siendo lo fundamental, porque quien no da a Dios, no da casi nada; quien no da a Dios, quien no ayuda a encontrar a Dios en el rostro de Cristo, no construye, sino que destruye, porque hace que la acción humana se pierda en dogmatismos ideológicos y falsos.

Don Giussani conservó la centralidad de Cristo y precisamente así ayudó con las obras sociales, con el servicio necesario a la humanidad en este mundo difícil, donde es grandísima y urgente la responsabilidad de los cristianos con respecto a los pobres del mundo.

Sacrificio

Es evidente que debemos desarrollar nuestra economía de tal modo que ya no funcione sólo para potenciar los intereses de un país determinado o de un grupo de países, sino el bienestar de todo el mundo. Esto es difícil, y nunca se realiza plenamente; exige de nosotros sacrificios y renuncias. Pero si nace un espíritu de solidaridad realmente alimentado por la fe, entonces puede resultar posible, incluso aunque sea de modo imperfecto.

XVI

LA CULTURA Y LAS ARTES

«Siempre es un don»

El arte no puede «producirse» del mismo modo que uno contrata y produce equipo técnico. El arte siempre es un don. La inspiración no es algo que uno mismo pueda elegir. Tiene que ser recibida, no se consigue de otro modo. No se puede provocar una renovación en el arte ni en la fe con dinero o a través de comisiones. Antes que cualquier otra cosa se necesita el don de una nueva visión. Y por eso vale la pena recuperar una fe con visión. Allí donde exista, el arte encontrará su expresión adecuada.

La flecha que llega al corazón

El dardo de la belleza puede guiar a la mente a la verdad. (...) El encuentro con la belleza puede ser el dardo que alcanza el alma e, hiriéndola, le abre los ojos, hasta el punto de que entonces el alma, a partir de la experiencia, halla criterios de juicio y también capacidad para valorar correctamente los argumentos.

La belleza del icono: un ayuno de la mirada

El icono no es simplemente la reproducción de lo que perciben los sentidos; más bien, supone lo que define como «un ayuno de la mirada». La percepción interior debe liberarse de la mera percepción de los sentidos para, mediante la oración y la ascesis, adquirir una nueva y más profunda capacidad de ver; debe recorrer el paso de lo que es meramente exterior a la realidad en su profundidad, de manera que el artista vea lo que los sentidos por sí mismos no ven y, sin embargo, aparece en el campo de lo sensible: el esplendor de la gloria de Dios, «la gloria de Dios que está en el rostro de Cristo» (2 Co 4:6). Admirar los iconos, y en general los grandes cuadros del arte cristiano, nos conduce por una vía interior, una vía de superación de uno mismo y, en esta purificación de la mirada, que es purificación del corazón, nos revela la belleza, o al menos un rayo de su esplendor. Precisamente de esta manera nos pone en relación con la fuerza de la verdad.

El arte cristiano

Así que el arte cristiano hoy en día está atrapado entre dos fuegos (como quizá ha sucedido siempre): por un lado debe oponerse al culto de lo feo, que dice que todo lo bello es mendaz y que sólo la representación de lo bajo, vulgar y crudo es la verdad, la auténtica iluminación del conocimiento. Por otra parte debe contrarrestar también el poder de la belleza engañosa que hace que el ser humano se sienta disminuido en lugar de hacerle grande, motivo por el que es falsa.

Beethoven

La Novena Sinfonía de Beethoven, que se hace eco de la lucha interior del gran maestro, sumido en la oscuridad de la vida, es su viaje, por así decirlo, durante noches oscuras en las que parecía que ninguna de las prometidas estrellas brillaba ya en los cielos. Pero al final las nubes escampan. El gran drama de la existencia humana que se despliega en la música se transforma en un himno de alegría para el cual Beethoven tomó prestadas las palabras de Schiller, palabras cuya verdadera grandeza floreció sólo a través de la música.

Handel

Estamos en deuda con Friedrich Handel por otro himno de alegría sin parangón: el gran *Aleluya*, que es el momento culminante de *El Mesías*. En él se dispuso a poner música a la promesa y a la plenitud, a la profecía de la venida del Redentor y a los hechos históricos de la vida de Jesús que corresponden a esa profecía. El *Aleluya* es la canción de alabanza de los redimidos que, a través de la Resurrección de Cristo, pueden todavía regocijarse, incluso entre los sufrimientos de este mundo. Esta gran tradición musical —como veremos en las horas siguientes— ha pervivido a través de todas las vicisitudes de la historia y es un rayo de luz en el que la estrella de la fe, la presencia de Jesucristo, continúa brillando.

Beethoven, Bach, Schiller

Comparado con la intacta presencia de la fe que transpira el himno de Handel a la alegría y que emerge de una manera muy diferente, como una tranquila paz interior en la gracia de la reconciliación, en el *Oratorio de Navidad* de Bach o al final de sus pasiones, la esclarecedora *Oda* de Schiller, que tan magníficamente musicó Beethoven, se caracteriza por el humanismo de su tiempo, que pone al hombre en el centro y —si tiene que hacer una referencia a Dios— prefiere el lenguaje del mito.

Sin embargo, no debemos olvidar que Beethoven es también el compositor de la *Missa Solemnis*. El buen Padre del que habla la *Oda* no es tanto una suposición, como el texto de Schiller parecería sugerir, sino una certeza definitiva. Beethoven también sabía que podemos confiarnos al Padre porque en el Hijo se acercó a nosotros. Y así, podemos ver la calmada chispa divina, de cuya alegría habla la *Oda*, como la chispa de Dios que nos es comunicada a través de la música y nos da seguridad: sí, el buen Padre existe de verdad y no es remoto y lejano, no está más allá del firmamento, sino que gracias al Hijo está aquí, en nuestro seno.

❖ XVII ❖

LA MODERNIDAD

«Un siglo de sufrimiento»

En la visión podemos reconocer el siglo pasado como el siglo de los mártires, como el siglo de los sufrimientos y de las persecuciones contra la Iglesia, como el siglo de las guerras mundiales y de muchas guerras locales que han llenado toda su segunda mitad y han hecho experimentar nuevas formas de crueldad. (...) Comprender los signos de los tiempos quiere decir aceptar lo apremiante de la penitencia, de la conversión, de la fe. Esa es la respuesta correcta a este momento de la historia, caracterizado por los graves peligros subrayados en las imágenes que siguen.

Una reliquia arcaica

Hoy se considera a la religión como una reliquia arcaica que se debe abandonar porque, después de todo, se cree que no tiene que ver con la verdadera grandeza del progreso. Lo que dicen las religiones parece hoy irrelevante; no son siquiera parte del mundo racional. Su contenido, al final, no cuenta para nada.

«No nos podemos adueñar de la protección divina»

Concedido, hablamos muchísimo sobre nuestra seguridad y sobre cómo podemos protegernos contra los aspectos negativos de la vida moderna. La huida de la humanidad de su propia humanidad y de su propia obra es cada vez más pronunciada y sólo concedemos que nuestros medios de protección no son los adecuados —por sofisticados que sean— cuando nuevos refinamientos revelan que ya han sido superados. Sería, por supuesto, insensato y poco realista por nuestra parte confiar más en nuestros ángeles guardianes que en la tecnología; no nos podemos adueñar de la protección divina tan fácilmente y no es su objeto lanzarse a conseguir un rápido alivio. Hablar de los ángeles significa estar convencido de que el mundo está por todas partes lleno de la divina presencia de Dios y que esta presencia está otorgada a cada uno de nosotros como un poder que nos convoca y nos protege.

XVIII

ECUMENISMO Y OTRAS RELIGIONES

Construir la paz

El mundo en que vivimos es a menudo es caracterizado por conflictos, violencia y guerra, pero añora ardientemente la paz, la paz que sobre todo es un don de Dios, la paz por la que tenemos que rezar incesantemente. Ahora bien, la paz es también una tarea en la que deben comprometerse todos los pueblos, especialmente los que profesan su pertenencia a las religiones tradicionales. Nuestros esfuerzos para superar las diferencias y fomentar el diálogo son una valiosa contribución para construir la paz sobre fundamentos sólidos. El Papa Juan Pablo II, mi venerado predecesor, escribió al inicio del nuevo milenio que «el nombre del único Dios tiene que ser cada vez más, como ya es de por sí, un nombre de paz y un imperativo de paz» (*Novo Millennio Ineunte*, 55). Por este motivo, es un deber comprometerse en un auténtico y sincero diálogo, construido en el respeto de la dignidad de toda persona humana, creada, como creemos firmemente los cristianos, a imagen y semejanza de Dios (Cfr. Génesis I:26–27).

El islam y el Corán

Es cierto que por un lado el cristianismo siempre se ha considerado a sí mismo la religión verdadera, es decir, abierta a la razón. Y, por otro lado, es cierto que el islam también se considera a sí mismo perfectamente razonable, pero el concepto de razón que aplica es distinto. Incluso el concepto de la acción de Dios es distinto. Por ejemplo, el Corán se considera la palabra de Dios, directamente tal cual, sin mediación humana, mientras que para nosotros las Sagradas Escrituras evolucionaron a través de la historia de Dios con Su pueblo, con la mediación de la respuesta del hombre a Dios, involucrando así al hombre en los actos de Dios. Este es sólo un ejemplo de cómo, aunque tienen muchos elementos en común, hay una profunda diferencia en los fundamentos de ambas realidades. Cualquier diálogo debe siempre apelar a la razón y tratar de ver cómo la razón puede ayudarnos en el intercambio de ideas. Se necesita mucha paciencia, de modo que, en profunda fidelidad a la Revelación y a la apertura que genera, podamos dejar al Señor que marque el camino para ese diálogo.

«El islam ha tenido momentos de gran esplendor»

Es cierto que el mundo musulmán no está totalmente equivocado cuando critica al Occidente de tradición cristiana su decadencia moral y su manipulación de la vida humana. (...) El islam también ha tenido momentos de gran esplendor y de decadencia a lo largo de su historia.

Protestantismo

El protestantismo se originó en los inicios de la edad moderna y en consecuencia está mucho más próximo que el catolicismo a las fuerzas internas que generaron esa edad moderna. La forma actual del protestantismo se debe en gran medida a su encuentro con los grandes movimientos filosóficos del siglo XIX. Su destino y su mayor peligro es estar abierto completamente al pensamiento moderno. Por ello, es precisamente entre los teólogos católicos que ya no están satisfechos con la teología tradicional que se halla la extendida convicción que el verdadero camino para unir fe y modernidad ya se ha trazado con el protestantismo.

Hoy, el cristiano común asume sobre la base de este principio que la fe es producto del punto de vista individual, de una labor intelectual y del trabajo de especialistas, y tal punto de vista le parece más moderno y evidente que la postura católica. Para muchos hoy resulta difícilmente comprensible que haya una misteriosa realidad divina tras la realidad humana. Pero, como sabemos, esa es la forma como los católicos interpretan la Iglesia.

No cristianos

Inevitablemente, los cristianos empezaron a preguntarse si tenían derecho a simplemente destruir el mundo de las demás religiones o si no era posible, o incluso necesario, comprender las demás religiones desde dentro e integrar su herencia en el cristianismo. De este modo, el ecumenismo acabó creciendo hasta convertirse en un diálogo interreligioso (...) para comprender la religión es necesario experimentarla desde dentro, de hecho sólo esa experiencia, que es inevitablemente personal y está ligada a un punto histórico de comienzo definido, puede mostrar el camino a la comprensión mutua y con ello a una profundización y purificación de la religión.

En busca de la unidad religiosa

Por tanto, con plena conciencia, al inicio de su ministerio en la Iglesia de Roma que Pedro regó con su sangre, su actual sucesor asume como compromiso prioritario trabajar con el máximo empeño en el restablecimiento de la unidad plena y visible de todos los discípulos de Cristo. Esta es su voluntad y este es su apremiante deber. Es consciente de que para ello no bastan las manifestaciones de buenos sentimientos. Hacen falta gestos concretos que penetren en los espíritus y sacudan las conciencias, impulsando a cada uno a la conversión interior, que es el fundamento de todo progreso en el camino del ecumenismo.

El diálogo teológico es muy necesario. También es indispensable investigar las causas históricas de algunas decisiones tomadas en el pasado. Pero lo más urgente es la «purificación de la memoria», tantas veces recordada por Juan Pablo II, la única que puede disponer a los espíritus para acoger la verdad plena de Cristo. Ante Él, juez supremo de todo ser vivo, debe ponerse cada uno, consciente de que un día deberá rendirle cuentas de lo que ha hecho u omitido por el gran bien de la unidad plena y visible de todos sus discípulos.

El actual sucesor de Pedro se deja interpelar en primera persona por esa exigencia y está dispuesto a hacer todo lo posible para promover la causa prioritaria del ecumenismo. Siguiendo las huellas de sus predecesores, está plenamente decidido a impulsar toda iniciativa que pueda parecer oportuna para fomentar los contactos y el entendimiento con los representantes de las diferentes Iglesias y comunidades eclesiales. Más aun, a ellos les dirige, también en esta ocasión, el saludo más cordial en Cristo, único Señor de todos.

«Con sencillez y afecto»

Con esta conciencia me dirijo a todos, también a los seguidores de otras religiones o a los que simplemente buscan una respuesta al interrogante fundamental de la existencia humana y todavía no la han encontrado. Me dirijo a todos con sencillez y afecto, para asegurarles que la Iglesia quiere seguir manteniendo con ellos un diálogo abierto y sincero, en busca del verdadero bien del hombre y de la sociedad.

XIX

BIOÉTICA

«Consecuencias inimaginables»

La manipulación biológica trata de deslindar al hombre de la naturaleza. (...) Al final de esta campaña para destrozar vínculos naturales y fundamentales (y no, como se dice, sólo vínculos culturales) habrá consecuencias inimaginables que, sin embargo, derivan de la misma lógica que subyace a una empresa de este tipo.

«No tiene justificación»

Pensemos en la clonación o en el cultivo de fetos humanos con fines de investigación científica o de transplantes de órganos, o pensemos en el campo entero de la manipulación genética, no podemos desconocer la amenaza de silenciosa devastación de la dignidad humana que suponen. Las «buenas intenciones» se ofrecen siempre para justificar algo que no tiene justificación. A ello se añade el creciente tráfico de personas, las nuevas formas de esclavitud y el comercio de órganos humanos para transplantes.

«El mundo agarra las piedras»

Cuando el trabajo de la Iglesia en pro de la justicia trata cuestiones y problemas que el mundo ya no considera ligados a la dignidad humana, como proteger el derecho a la vida de todo ser humano desde la concepción hasta su muerte natural, o cuando la Iglesia confiesa que la justicia incluye también nuestros deberes hacia el mismo Dios, entonces muy a menudo el mundo agarra las piedras mencionadas en nuestro Evangelio hoy.

Como cristianos debemos recordar constantemente que la vocación a la justicia no es algo que pueda reducirse a las categorías de este mundo.

La razón

Santo Tomás de Aquino escribe que el derecho natural «no es más que la luz de la comprensión que nos ha infundido Dios». El derecho natural es una ley de la razón. La razón está en la naturaleza del hombre. Cuando se dice que nuestra naturaleza es la medida de la libertad, la razón no queda por ello eliminada, sino que se hace plena justicia. Con tales afirmaciones, para evitar caer en el error, debemos recordar lo que es típico de la razón humana, recordar que no es absoluta, como lo es la razón de Dios. Pertenece a un ser creado, a una criatura cuyo cuerpo y alma son inseparables. Finalmente, pertenece a un ser que se yergue en medio de una alienación histórica, que puede perjudicar la capacidad de la razón para ver.

XX

DESAFÍOS PARA EL FUTURO

El futuro de la Iglesia (...) será una Iglesia espiritual que no dependa de un mandato político y que busque tan poco el favor de la derecha como el de la izquierda. Serán tiempos difíciles para la Iglesia, pues el proceso de cristalización y clarificación le costará mucha de su valiosa energía. La hará pobre, la hará una

Iglesia de los mansos. El proceso será todavía más duro porque hará falta erradicar tanto la estrechez de miras sectaria como la jactanciosa obstinación. El camino será largo y fatigoso, igual que lo fue la senda que se apartó del falso progresismo en vísperas de la Revolución francesa. (...) Pero después de la purificación que traerán esas erradicaciones, emanará una gran fuerza de una Iglesia simplificada y espiritualizada. (...) Me parece seguro que a la Iglesia le esperan tiempos muy difíciles. Su propia crisis apenas ha comenzado aún.

EL PEREGRINO CRISTIANO

Si Dios es bueno, ¿por qué hay maldad y sufrimiento en el mundo? Esto siempre ha constituido un misterio para los creyentes. El Papa Benedicto argumenta que en definitiva el bien más valioso de la providencia divina es la libertad del ser humano, pues a través de esta se alcanza el verdadero amor. Pero fue la libertad de Adán la causa del dolor, el pecado y la muerte que aparecieron en el mundo. En esta dinámica de pecado, de libertad y de amor, el Papa busca la clave oculta que ha de desentrañar el significado tanto de la libertad como del sufrimiento.

Algunos filósofos sostienen que si los seres humanos conocieran todas las consecuencias de sus acciones, para bien y para mal, jamás harían ningún daño ni cometerían ningún pecado. El Papa está de acuerdo en que la idea de que el pecado es fruto de la ignorancia es a menudo verdad, pero no es la verdad completa. Los seres humanos son capaces de optar por el camino del mal aun cuando son conscientes de que es malvado, y que causará daño. La única respuesta que el Papa ve al problema de que los seres

humanos persistan deliberadamente en un comportamiento malvado está en abandonarse a la gracia de Dios y en una conversión
radical a Cristo.

Suele decirse que todas las separaciones son pequeñas muer-
tes. Pero existe una, la propia muerte, después de la cual no
puede haber ninguna reunión en este mundo. Sin embargo, para
Benedicto XVI, así como para todos los cristianos, la muerte
no tiene por qué ser la última palabra. Para él hay otro encuentro, después de que nuestro envoltorio mortal exhale su último
aliento, cuando el alma entra en el mundo de lo eterno. Es un encuentro con Cristo. ¿Y dónde se produce este encuentro? En el
lugar que Dios ha preparado y que Jesús prometió después de su
resurrección. Las plantas se nutren del agua y los minerales que
obtienen del suelo, y de la energía del sol que captan a través del
aire. Los árboles brotan a la orilla de los ríos, y a pleno sol cre-
cen vigorosos. Los animales se alimentan de las plantas, o de los
demás animales, o de ambas cosas. Los hombres y las mujeres,
personas todos, alimentan sus cuerpos físicos con agua y plantas
y carne y pescado. Pero «no sólo de pan vive el hombre», pues
los seres humanos también se alimentan a otro nivel, de aquello
que se conoce como «alimento espiritual». Sin esto, la vida espiritual de una persona puede llegar a marchitarse y, finalmente,
morir. Gracias a este alimento, el espíritu de una persona florece
y las plegarias conectan su alma con Dios trascendente. Gracias
a la oración pueden compartirse los problemas, sufrimientos y
alegrías de este mundo y se aligera la carga que cada uno soporta
a la vez que se experimenta una profunda alegría interior. Por encima de todo, la amistad con Cristo y los santos, y conversar con
Dios, aumentan la capacidad del corazón humano de hacer
frente a todos los problemas armado con esperanza.

Según las escrituras, la fe es «la evidencia de las cosas no vistas». Puesto que en ella participan «cosas no vistas», la fe no

puede demostrarse mediante experimentos científicos, pero esto no significa que sea irracional. La fe trasciende a la razón humana, pero no la contradice. Para el Papa, la fe es el ancla que los creyentes lanzan en dirección a Dios y que, por el propio acto de ser lanzada, se clava firmemente en un lecho marino invisible. La fe es un acto del intelecto y de la voluntad a un tiempo, que implica a la personalidad completa. Cuando alguien cree es distinto de cuando duda. La fe cambia a las personas, y les da una estructura y un marco para el espíritu.

Sin esperanza nos encontramos en la oscuridad, o para ser más precisos, sumidos en la desesperación. En la tradición cristiana, algunos afirman que el único pecado imperdonable es la desesperación. De hecho, Jesús calificó al pecado imperdonable como «el pecado contra el Espíritu Santo». Una persona desesperada puede llegar a pensar en quitarse la vida, porque el suicidio es un acto de desesperación. La esperanza es, por lo tanto, un estado de gracia espiritual que contrarresta la tendencia hacia la desesperación. La función de todas las doctrinas y sacramentos cristianos consiste en llevarnos hacia la esperanza y alejarnos de la desesperación. La gran esperanza de los cristianos es Dios, y su amor.

Sin amor, la vida humana no tiene sabor ni alegría. El amor es una fuerza de atracción que acerca al que ama al objeto de su amor. Así, amar es, en definitiva, sentirse atraído hacia lo que es bueno y hermoso y verdadero. Pero el amor también puede ser ciego, erróneo y falso. La búsqueda de un amor verdadero necesita de gran discernimiento y aun mayor sacrificio. Las meditaciones del Papa Benedicto sobre el amor contienen algunos de sus pasajes más hermosos y conmovedores.

El gran misterio de la santidad participa de lo divino por su propia naturaleza, pues por definición sólo Dios es sagrado. Puesto que ningún hombre puede conocer a Dios, la santidad en

sí misma trasciende de algún modo la capacidad de conocimiento de los humanos. Y sin embargo, las sociedades de todas
las épocas han elaborado un concepto de lo que denominamos
«santo». Existe un sentido universal en el ser humano de esa
«realidad numinosa» (para utilizar la expresión acuñada por Ru-
dolf Otto, «lo santo»), que es distinta de la realidad cotidiana
y profana. Se cree que un lugar santo o una persona santa están
imbuidos de una energía o cualidad divina «distintos» de otros
sitios o personas normales. La santidad trasciende a la naturaleza y la capacidad de una persona: ésta se convierte en santa al
admitir y estar preparada para que la mano de Dios transforme
sus debilidades.

Ser un santo, una persona santa, es hablar con Dios como un
amigo habla con otro, mantener una profunda relación con Él y
convertirse en su «amigo»: consiste en dejar que el Otro trabaje,
el Único que realmente puede hacer que el mundo sea un lugar
bueno y feliz.

La vida terrena tiene un límite; ésta transcurre en una sucesión
de instantes, siempre moviéndose, cambiando, desarrollándose y
creciendo, y también entrando en declive. Pero existe un hori-
zonte, una eternidad más allá. La naturaleza de la vida eterna es
inevitablemente misteriosa para todos los que la contemplamos
desde la perspectiva de este mundo.

Jesús les dijo a sus apóstoles que deseaba que su alegría fuera
completa. El Papa se ha hecho eco de este deseo en sus escritos, y
en las primeras palabras pronunciadas durante su pontificado. El
objetivo de la vida cristiana no es la desgracia y la tristeza, sino
la bendición y la alegría. El fin último es el regalo absoluto del
ser a los otros y a Dios, y la libre reciprocidad de ese mismo regalo por parte de los otros y de Dios.

XXI

SUFRIMIENTO

El bien y el mal

Nuestro Señor nos anuncia que habrá escándalos y pecadores en nuestra comunidad y en la Iglesia. San Pedro, príncipe de los apóstoles, fue un gran pecador, y aun así el Señor lo quiso a él, Pedro el pecador, como la piedra de la Iglesia. Así Él nos indicó que no debemos esperar que surjan grandes santos de todos los papas, sino que también debemos aceptar que haya pecadores entre ellos. Nos anuncia que en los campos de la Iglesia habrá muchas malas hierbas, y esto no debería sorprendernos si consideramos la historia de la Iglesia en su totalidad. No es ésta la primera época en la que la Iglesia ha pasado por dificultades y escándalos: basta recordar los siglos IX y X, y el Renacimiento. Por lo tanto, si seguimos las palabras del Señor, si miramos el pasado de la Iglesia, podremos relativizar los escándalos de hoy. Sufrimos. Tiene que ser así, debemos sufrir porque éstos —los escándalos— han causado a su vez mucho sufrimiento, y henos aquí pensando en las víctimas. Ciertamente debe hacerse todo lo posible por evitar que vuelva a suceder algo así en el futuro. Pero por otra parte, sabemos que el Señor —y ésta es la esencia de la Iglesia—, el Señor compartió mesa con los pecadores. Esta es la definición de la Iglesia: el Señor se sentó a la mesa al lado de los pecadores. Por lo tanto, no debemos sorprendernos si es así. No podemos desesperarnos. Al contrario, el Señor dijo: «No estoy aquí solo por los justos, sino también por los pecadores». Tenemos que conservar la certeza de que el Señor verdaderamente —aún hoy— busca a los pecadores para salvarnos.

Corona del sufrimiento

Debido a que Jesús fue el blanco de las burlas y lleva la corona del sufrimiento, aparece como el verdadero Rey. Su cetro es la equidad (cfr. Sal 45:7). El precio de la justicia en este mundo es el sufrimiento: Jesús, el verdadero Rey, no reina mediante la violencia, sino gracias al amor que sufre por y con nosotros. Recibe la cruz, nuestra cruz, la carga de ser humano, la carga del mundo. Y así se presenta ante nosotros y nos indica cuál es el camino hacia la vida eterna.

No hay amor sin sufrimiento

El dolor forma parte de ser humano. Quien desee verse libre del sufrimiento también tendría que abandonar el amor antes que nada, pues no puede haber amor sin sufrimiento. Eso es así porque el amor siempre exige un elemento de sacrificio personal, pues al haber diferencias de temperamento y situaciones dramáticas, siempre traerá consigo la renuncia y el dolor. (...) Todo aquel que acepte interiormente el sufrimiento es más maduro, y adquiere mayor comprensión del otro, y se convierte en más humano.

Compartir el sufrimiento

Señor, tú abriste los ojos y el corazón de Simón de Cirene, dándole, al dejar que compartiera tu cruz, la gracia de la fe. Ayúdanos a socorrer a nuestro prójimo que sufre, aun cuando eso interfiera con nuestros propios planes y deseos. Ayúdanos a comprender que poder compartir la cruz de los demás es una gracia, pues de este modo sabemos que caminamos contigo. Ayúdanos a valorar con alegría que al compartir contigo tu dolor y el dolor del mundo, nos convertimos en siervos de la salvación y construimos tu Cuerpo, la Iglesia.

Amor que sufre

La misericordia de Cristo no es una gracia barata; no implica trivializar el mal. Cristo lleva en su cuerpo y en su alma todo el peso del mal, toda su fuerza destructora. Quema y transforma el mal en el sufrimiento, en el fuego de su amor doliente. El día de venganza y el año de misericordia coinciden en el misterio pascual, en Cristo muerto y resucitado. Esta es la venganza de Dios: Él mismo, en la persona de su Hijo, sufre por nosotros. Cuanto más nos toca la misericordia del Señor, tanto más somos solidarios con su sufrimiento, tanto más estamos dispuestos a completar en nuestra carne «lo que falta a las tribulaciones de Cristo» (Col 1:24).

XXII

SOLEDAD

Herida incurable

Si alguna vez ha existido una soledad que las palabras de los demás no pueden traspasar ni cambiar, un aislamiento tan profundo que no se puede alcanzar de ningún modo, entonces sería esa soledad auténticamente absoluta y ese terror que la teología denomina «infierno». Desde este punto de vista, podemos definir el término con exactitud: significa una soledad tal que el mundo del amor ya no puede penetrar en ella, y que se convierte, en consecuencia, en el verdadero peligro de la existencia. ¿Quién de nosotros no recordará, en este contexto, la creencia de poetas y filósofos de nuestro tiempo de que todos los contactos entre los hombres son básicamente superficiales, y que en el fondo nadie tiene acceso al verdadero ser profundo del otro? En conse-

cuencia, nadie puede penetrar la verdadera profundidad del prójimo; cada encuentro, por hermoso que sea, sólo logra anestesiar
la herida incurable de la soledad. En ese caso, el infierno, la
desesperación —una soledad tan indefinible en tanto que es
espantosa— anidaría en lo más íntimo de nuestra existencia.
Como sabemos, Sartre desarrolló su antropología a partir de
esta posición. Pero incluso un poeta tan conciliador y aparentemente sereno como Hermann Hesse parece expresar básicamente la misma idea: «Es extraño vagar en la niebla. La vida es
soledad. Nadie conoce al otro. ¡Todos estamos solos!». De hecho,
sí hay una cosa segura: existe una noche cuyo aislamiento no pe-
netra ninguna voz. Allí está la entrada que debemos cruzar solos:
las puertas de la muerte. Todo el temor de este mundo se concen-
tra y se resume en el temor a esta soledad. Esto nos permite comprender por qué en el Antiguo Testamento sólo existe una palabra
para designar el infierno y la muerte: *sheol.* En última instancia,
ambos son idénticos. La muerte es la soledad por excelencia;
pero la soledad que el amor ya no puede penetrar es el infierno.

La pérdida de la esperanza

Según Santo Tomás de Aquino, la raíz de la desesperación se
halla en lo que se denomina *accidie:* a falta de una palabra mejor,
solemos traducirlo por pereza o inercia, y esto significa algo
mucho más profundo que la mera ociosidad, que la falta de
inclinación para la actividad. Según Santo Tomás, esta inercia
metafísica es comparable al «dolor del mundo», el «dolor
mundano» del que Pablo dice que causa la muerte (2 Co 7:10).
¿Qué significa el misterioso dolor de este mundo? Hasta hace
muy poco, esa frase nos habría parecido enigmática, sino irreal:
los niños de este mundo dan la sensación de ser mucho más felices que los creyentes, que no parecen disfrutar mucho de la vida,
atormentados por los escrúpulos de su conciencia, y probable-

mente también miran con envidia a los no creyentes, que tienen a su disposición todo un paraíso de delicias terrenales, sin vacilaciones ni ansiedad alguna. Se creía que el gran éxodo que ha sufrido la Iglesia se debe precisamente al hecho de que por fin la gente quería verse liberada de las engorrosas restricciones que establecían que no sólo un árbol, sino todo el jardín, estaba prohibido. (...) Era como si únicamente la falta de creencias pudiera liberar al ser humano y permitirle disfrutar de la vida. El yugo de Cristo no era en absoluto «fácil» o «ligero» para muchos cristianos en la era moderna: lo vivían como demasiado pesado, al menos bajo la forma en que la Iglesia lo presentaba.

Hoy en día, cuando se han agotado las promesas de libertad ilimitada, empezamos a comprender nuevamente la expresión del «dolor del mundo». Los goces prohibidos pierden su atractivo desde el momento en que ya no están vetados. Se radicalizan, cada vez más extremados, y, sin embargo, a pesar de eso se revelan al final como rígidos y marchitos, porque son finitos mientras que el hambre ansía lo infinito. Así es que actualmente observamos en los rostros de los jóvenes una notable amargura, una resignación que está lejos del entusiasmo aventurero hacia lo desconocido propio de la juventud. La causa más profunda de este dolor es la falta de una gran esperanza, y la imposibilidad de alcanzar un gran amor: todo lo que puede esperarse es conocido, y todo amor se convierte en la decepción de lo finito, en un mundo cuyos monstruosos impostores son únicamente un penoso disfraz de la desesperación más absoluta. Y así, la verdad se revela cada vez más tangible: el dolor del mundo termina en la muerte. Flirtea con ella, es un mero juego de poder y violencia, que conserva aún la emoción suficiente como para crear la apariencia de satisfacción. «Si comes de él, debes morir» (Gen 3:3): hace ya tiempo que esta sentencia no es un simple dicho extraído de la mitología.

Tras este primer intento de analizar la naturaleza del «dolor del mundo», también conocido como inercia metafísica o *accidie,* dispongámonos a examinar más de cerca su fisonomía. La antropología cristiana tradicional dice que este tipo de dolor se deriva de la ausencia de grandeza en el alma *(magnanimitas),* de la incapacidad de creer en la grandeza de la vocación humana para la que Dios nos ha destinado. El hombre no confía en sí mismo, en su propia dimensión verdadera, sino que quiere ser «más realista». De ser así, la inercia metafísica sería lo mismo que la falsa humildad que tan común es hoy en día: el hombre no quiere creer que Dios se preocupa por él, que le conoce y le ama, que le vigila y está a su lado.

XXIII

PECADO

La arrogancia precede a la ruina

Nuestro orgullo (...) nos hace desear emanciparnos de Dios y quedarnos solos. (...) Nos hace pensar que no necesitamos su amor eterno y que podemos ser los dueños de nuestras vidas. En esta rebelión contra la verdad, en este intento de convertirnos en nuestro propio dios, creador y juez, caemos de bruces y nos hundimos en la autodestrucción.

Cómo alcanzar la virtud

La virtud humana sólo puede alcanzarse abandonando nuestros deseos personales y siendo generosos con el hombre y con Dios. Es la virtud de «perdónanos, como nosotros perdonamos a nuestros deudores».

Temas no negociables

No todos los dilemas morales tienen el mismo peso que el aborto y la eutanasia. Por ejemplo, si un católico estuviera en desacuerdo con el Santo Padre acerca de la aplicación de la pena capital o sobre la decisión de entrar en guerra, eso no sería motivo para considerarle indigno de la Sagrada Comunión. La Iglesia exhorta a las instituciones civiles para que busquen la paz y no la guerra, y para que actúen con juicio y compasión al imponer castigos a los criminales. No obstante, puede haber casos en que sea lícito empuñar las armas para repeler a un agresor o aplicar la pena capital. Incluso puede existir una legítima diversidad de opiniones entre los católicos acerca de la entrada en un conflicto o sobre la pena de muerte, pero de ninguna manera en lo que respecta al aborto y a la eutanasia.

¿La ilusión de la belleza?

Actualmente existe otra objeción que se considera muy importante: el mensaje de la belleza se pone completamente en duda a través del poder de la falsedad, de la seducción, de la violencia y del mal. ¿Es posible que la belleza sea genuina, auténtica, o es al final sólo una ilusión? ¿Acaso la realidad no es básicamente mala? El miedo a que, después de todo, no sea el dardo de la belleza el que nos conduzca a la verdad, sino a la mentira, y todo lo que es feo y vulgar constituya la verdadera «realidad» ha sido una causa permanente de angustia para las personas de todos los tiempos. Hoy esta angustia se refleja en la afirmación de que después de Auschwitz ya no es posible escribir poesía, ni hablar de un Dios bondadoso. La gente se pregunta dónde estaba Dios cuando funcionaban las cámaras de gas. Esta objeción, que ya parecía muy razonable antes de Auschwitz a la luz de todas las atrocidades que había visto la historia, demuestra que en cualquier caso no basta con un concepto de belleza puramente harmonioso. No aguanta la confrontación con la gravedad del hecho de cuestionar a Dios, a la verdad y a la belleza. Apolo, que según Platón era «el Dios» y el garante de la belleza serena, ya no es en absoluto suficiente para considerarlo «lo verdaderamente divino».

«Manchados con graves pecados»

Está claro que los cristianos de los siglos pasados se han manchado con graves pecados. La esclavitud y la trata de esclavos es un oscuro capítulo que muestra cuán pocos cristianos lo eran verdaderamente, y qué lejos estaban tantos de la fe y del mensaje de los Evangelios, y de la verdadera comunión con Jesucristo. Por otra parte, la balanza se equilibra con múltiples vidas llenas de fe y amor, como hemos visto en la humilde voluntad de tantos y tantos hermanos y hermanas que se sacrificaron, dejando un legado de amor que si bien no puede eliminar el horror de la explotación, sin embargo lo mitiga. Con ellos de testigos podemos construir, por este camino podemos seguir avanzando.

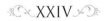

XXIV

MUERTE

La noche de la cruz y la tumba

El amor de Dios —el poder de Dios— es más fuerte que el poder de la destrucción. Así que la propia salida, el comienzo del camino de la Pasión, el momento en que Jesús sale al exterior de los límites protectores de las murallas de la ciudad, es un gesto de victoria... Nos convoca para que nos atrevamos a acompañarle en ese camino, pues allí donde haya fe y amor, allí estará Él.

En la tierra desnuda

En este momento, mi memoria vuelve a la inolvidable experiencia que todos vivimos durante la muerte y el funeral del llorado Juan Pablo II. Alrededor de sus restos mortales, reposando en la tierra desnuda, los líderes de todas las naciones se unieron con gente de todas las clases sociales, y especialmente con los jóvenes, en un inolvidable abrazo de afecto y admiración. Todo el mundo confiaba en él. Para muchos esa intensa participación, amplificada hasta los confines del planeta gracias a los medios de comunicación, fue como una petición global de ayuda, dirigida al Papa por una humanidad moderna que, desgarrada por el miedo y la incertidumbre, no cesa de cuestionar su futuro.

En la Vigilia de Pascua

El paso de la muerte a la vida; éste es el núcleo verdadero, junto con el sacramento del bautismo, de la liturgia de esta santa noche. El paso de la muerte a la vida: por este camino Cristo abrió la puerta, la vía que las celebraciones de la Pascua nos invitan a tomar.

Apoyo en la muerte

Alguien que no puede ofrecer nada para paliar el sufrimiento de la humanidad, excepto la esperanza de que dicho dolor algún día llegue a su fin, no posee la respuesta a la pregunta más importante de todas. Al contrario, dicha respuesta convierte al dolor en algo enteramente desprovisto de sentido y, por lo tanto, le confiere un horror aun más terrible. La humanidad necesita que la comunidad proporcione consuelo al individuo tanto en el trance de la muerte como en el de la vida, y que confiera significado al sufrimiento.

La medida de la vida es la eternidad

Hubo un tiempo en que la muerte era un tema prohibido en nuestra sociedad. La gente trataba de ignorar su existencia tanto como fuera posible. No estaba permitido perturbar o molestar el progreso de la humanidad. Pero la muerte no iba a dejar que la ignoraran de ese modo. Desde hace algún tiempo se ha producido un notable cambio: la muerte se ha convertido en un tema de moda. Por una parte asistimos a la trivialización de la muerte que, como todas las realidades de la vida cotidiana, se considera algo despreciable. Por otra, vemos que se publica una ingente cantidad de libros acerca de las experiencias cercanas a la muerte de aquellos que han alcanzado el umbral y que buscan, mediante dichas experiencias, arrojar luz sobre esta impenetrable oscuridad que rodea a la muerte y ofrecer con ello una respuesta a la pregunta más urgente: si nuestra vida se mide en términos de eternidad o bien consiste sólo en un momento fugaz. Después de reflexionar, muchas de estas descripciones que derivan de experiencias profundas del ser humano quizá sean aceptables y puedan ayudarnos a comprender. Muchas de ellas seguirán planteando problemas; lo que persiste en todas ellas es el hecho de que el hombre no puede dejar de luchar por aprender más acerca de la eternidad. No puede abandonar.

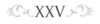

XXV

ORACIÓN

La esencia de la oración

La primera forma de nuestra acción de gracias es la oración, que es el acto de agradecer a Dios su santo sacrificio. Sin embargo, la oración también debe acompañarse al escuchar el mensaje y partir en compañía de Cristo.

«Concédenos la gracia»

A lo largo de la historia, siempre se ha maltratado, condenado y matado a los inocentes. ¿Cuántas veces el éxito hemos preferido a la verdad, nuestra reputación a la justicia? Refuerza la callada voz de nuestra conciencia, tu propia voz, en nuestras vidas. Concédenos, como si fuera nueva, la gracia de la conversión.

Por qué los cristianos deben mirar hacia el este durante la oración

El judaísmo y el islam, hoy como en el pasado, dan por supuesto que debería rezarse en dirección al lugar esencial de la revelación, hacia el Dios que nos reveló, en la forma y en el lugar en donde Él se reveló. Por contraste, en el mundo occidental un estilo de pensamiento abstracto, en cierto modo heredero de la influencia cristiana, se ha vuelto dominante. Dios es espiritual y está en todas partes: ¿acaso eso no significa que la oración no está ligada a ningún espacio ni dirección en concreto? Ahora podemos en verdad rezar en todas partes, y en todas partes acceder a Dios. Esta idea de la universalidad de Dios es consecuencia de la universalidad cristiana, del hecho de que el Dios cristiano está por encima de todos los demás dioses, pues es el Dios que abraza el cosmos y conoce nuestro íntimo ser mucho mejor que nosotros mismos. Pero nuestro conocimiento de dicha condición universal es el fruto de la revelación. Dios se ha mostrado a nosotros, y sólo por esta razón lo conocemos, sólo a causa de esto podemos rezarle confiadamente en todas partes. Y precisamente por este motivo es apropiado, hoy como en el pasado, que nos expresemos con una oración cristiana volviéndonos hacia el Dios que se reveló ante nosotros. Al igual que Dios adoptó un cuerpo y entró en el tiempo y el espacio de este mundo, del mismo modo es apropiado que durante la oración —al menos en la oración litúrgica en común— nuestra comunicación con Dios sea «encarnacional», que sea cristológica, orientada a través de la Palabra encarnada hacia el Dios Trinitario. El símbolo cósmico del sol naciente expresa la universalidad de Dios por encima de todos los lugares específicos y sin embargo conserva el carácter concreto de la Relevación Divina. Así, nuestra oración se inserta en la procesión de las naciones hacia Dios.

Mirar juntos al Señor

Por otra parte, aún es esencial que nos volvamos todos hacia el este durante la oración de la Eucaristía. No se trata de casualidades, sino que es esencial. Mirar al sacerdote no tiene importancia: lo que importa es mirar juntos al Señor. Ahora no es cuestión de diálogo, sino de la alabanza en común, de partir juntos hacia Él que llegará. Lo que se corresponde con la realidad de lo que sucede no es un círculo cerrado, sino el movimiento conjunto hacia delante, expresando la oración en una dirección en común...

La oración cristiana y la meditación trascendental

La diferencia entre la meditación trascendental y la meditación cristiana (...) es que el hombre se separa de su propio «yo»; se une con la esencia universal del mundo, y por tanto, se produce un cierto estado de despersonalización. En la meditación cristiana, por el contrario, yo no pierdo mi personalidad, sino que entro en una relación personal con la propia persona de Cristo. Me relaciono con el «tú» de Cristo, y de esta forma mi «yo» no se pierde, sino que conserva su identidad y su responsabilidad. Al mismo tiempo se abre, y entra en una unidad más profunda, que es la unidad del amor que no destruye. (...) La meditación trascendental es impersonal y en este sentido «despersonaliza». La meditación cristiana (...) «personaliza» y abre las puertas a una profunda unión nacida del amor y no de la disolución del «yo».

XXVI

FE

«A través de vosotros, Dios»

Como cristianos, no deseamos que nos vean a nosotros, sino que el Señor sea visto a través de nosotros. Me parece que este es el verdadero mensaje de este texto del Evangelio cuando nos dice «Actuad de tal forma que quienes os vean, vean la obra de Dios y alaben a Dios». No se trata, pues, de que la gente vea a los cristianos, sino «a través de vosotros, a Dios». En suma, la persona no debe aparecer, sino permitir que Dios resplandezca a través de él.

«Dictadura del relativismo»

Poseer una fe clara, basada en el credo de la Iglesia, a menudo se considera hoy en día como algo similar al fundamentalismo. (...) En cambio, el relativismo, que equivale a dejarse arrastrar por «cada viento de la enseñanza» parecería la única actitud aceptable según los criterios actuales. Nos estamos desplazando hacia una dictadura del relativismo que no reconoce ninguna certeza, y cuya máxima aspiración consiste en satisfacer el ego y los deseos de cada uno.

Conocimiento

La fe en sí misma es una vía de conocimiento.

La búsqueda de la certidumbre

«Nos estamos desplazando hacia una dictadura del relativismo que no reconoce ninguna certeza y cuya máxima aspiración consiste en satisfacer el ego y los deseos de cada uno».

El Dios oculto

[En la Encarnación] Dios se vuelve concreto y tangible en la historia, y se acerca a los hombres en forma humana. Pero este mismo Dios, que se vuelve corpóreo, sigue siendo absolutamente misterioso. La humillación que Él ha escogido para sí (...) es de una nueva forma, por así decirlo, la nube de misterio en la que tanto se oculta como se revela. Pues ¿qué mayor paradoja que el hecho de que Dios sea vulnerable y pueda morir? El Verbo que es el Encarnado y Crucificado, siempre supera todas las palabras humanas...

La fe es firme

Pero la fe no es en primer lugar una cuestión que deba someterse a la experimentación intelectual, sino más bien la base firme, la hipóstasis, como nos dice la Carta a los Hebreos (11:1), a partir de la cual podemos vivir y morir. Al igual que a la ciencia no le estorban las certidumbres fijadas a lo largo del tiempo, sino que más bien éstas constituyen las condiciones necesarias para su progreso, del mismo modo las certidumbres que la fe concede nos abren nuevos horizontes; mientras que el constante círculo de de la reflexión experimental sólo termina en el aburrimiento.

Fe adulta

Ser un «adulto» significa contar con una fe que no sigue las tendencias de las modas actuales o de las últimas novedades. Una fe que está profundamente arraigada en la amistad con Cristo es una fe adulta y madura. Esta amistad nos abre a todo lo que es bueno y nos aporta el conocimiento necesario para distinguir lo verdadero de lo falso y el engaño de la verdad. Debemos madurar hacia esta fe adulta; debemos guiar el rebaño de Cristo hacia esa fe. Y es esta fe —y únicamente la fe— lo que une y se convierte en amor. Sobre esta cuestión, San Pablo nos ofrece unas bellas palabras que contrastan singularmente con los altibajos de aquellos que como bebés se dejan arrastrar por las olas. Dice que la verdad llega desde el amor, y que ésta es la fórmula básica de la existencia cristiana. En Cristo, verdad y amor son uno y a medida que avanzamos hacia Cristo, en nuestra propia vida, se funden verdad y amor. El amor sin verdad es ciego; la verdad sin amor sería como «bronce que suena o címbalo que retiñe» (1 Co 13:1).

«No os llamo ya siervos (...) sino que os he llamado amigos» (Jn 15:15). Nos sentimos tantas veces, y somos, únicamente siervos inútiles (Lc 17:10). Y a pesar de eso, el Señor nos llama sus amigos, nos convierte en sus amigos, nos concede su amistad. El Señor define la amistad en forma dual. No existen secretos entre amigos: Cristo nos cuenta todo lo que le dice el Padre, nos entrega su confianza absoluta, y con ella también el conocimiento. Nos revela su rostro y su corazón. Da muestras de su ternura hacia nosotros, y de su amor apasionado que le lleva hasta la locura de la cruz. Confía en nosotros, nos concede el poder de hablar en su nombre: «este es mi cuerpo», «os perdono». Nos encomienda su cuerpo, la Iglesia. Encomienda a nuestras mentes débiles, a nuestras manos débiles, su verdad, el misterio de Dios Padre, Hijo y Espíritu Santo; el misterio de Dios que «tanto amó al mundo que le dio a su Hijo único» (Jn 3:16). Nos ha hecho amigos suyos, y nosotros, ¿cómo respondemos?

Hay una persona en el centro

Como establece concisamente el Catecismo (n° 108), la fe cristiana no es una «religión del libro». Estamos ante una afirmación extremadamente importante. La fe no se refiere simplemente a un libro, que como tal sería el único y definitivo reclamo para el creyente. En el centro de la fe cristiana no hay un libro, sino una persona, Jesucristo, que encarna el Verbo de Dios; éste se entrega, por así decirlo, en las palabras de las Escrituras, que a su vez sólo pueden comprenderse correctamente con Él, en la relación viviente con Él. Y puesto que Cristo creó y sigue creando la Iglesia, el Pueblo de Dios, como su organismo vivo, su «cuerpo», esencial para la relación con Él es la participación de los peregrinos, que son los verdaderos autores humanos de la Biblia, como se ha dicho. Si Cristo vivo es la única y verdadera norma a partir de la cual interpretar la Biblia, significa que comprendemos este libro únicamente cuando entramos en el entendimiento diacrónico, sincrónico, creyente y común con la totalidad de la Iglesia. Fuera de este contexto vital, la Biblia es solamente una colección de textos literarios más o menos heterogénea, y no la señal que nos orienta en el viaje de nuestra vida. Las Escrituras y la tradición no pueden separarse.

El gran teólogo de Tübingen, Johann Adam Möhler, ilustró esta conexión necesaria sin igual, en su clásica obra *Die Einheit in der Kirche* (La unidad en la Iglesia), cuyo estudio recomiendo fervientemente. El catecismo hace hincapié en esta conexión, que incluye la autoridad interpretativa de la Iglesia, tal y como la segunda Carta de San Pedro declara específicamente: «Pero, ante todo, tened presente que ninguna profecía de la Escritura puede interpretarse por cuenta propia» (2 P 1:20).

XXVII

ESPERANZA

Pájaro al vuelo

Tener esperanza es como volar, dijo San Buenaventura. La esperanza nos exige un compromiso radical, nos pide que todos nuestros miembros se hagan movimiento con el fin de alzarnos y luchar contra la atracción de la gravedad terrenal, para poder elevarnos a la verdadera altura de nuestro ser, la de la promesa de Dios.

Esperanza verdadera

El optimismo ideológico es un intento de olvidar la muerte, hablando continuamente de cómo la historia avanza hacia una sociedad perfecta. Esto no es más que un subterfugio frente a lo que realmente importa y anestesia a la gente con una mentira que salta a la vista siempre que la muerte se acerca. La esperanza de la fe, por el contrario, nos revela el verdadero futuro más allá de la muerte, y sólo así las verdaderas muestras del progreso que realmente existe se convierten en un futuro para nosotros y para cada individuo.

La culminación de las esperanzas

Todas nuestras ansiedades son en última instancia miedo a perder el amor y al aislamiento absoluto que sobreviene tras su pérdida. Así, todas nuestras esperanzas son en definitiva la esperanza de un amor grande y sin límites: son la esperanza de un paraíso, del reino de Dios, de estar con Dios y ser como Él, compartir su naturaleza (2 P 1:4). Todas nuestras esperanzas hallan su culminación en una sola esperanza: «venga a nosotros tu Reino, hágase tu voluntad así en la Tierra como en el Cielo». La

Tierra se convertirá en el Cielo, y en su voluntad se encuentran todas nuestras esperanzas. Aprender a rezar es aprender a tener esperanza, y así aprender a amar.

XXVIII

AMOR

Sólo con el corazón

Sólo con el corazón podemos ver a Jesús. Sólo el amor nos purifica y nos permite ver. Sólo el amor nos permite reconocer al Dios que es el amor en sí mismo.

Entendimiento

El amor busca el entendimiento. Desea conocer mejor al ser amado. «Busca su rostro», como San Agustín jamás cesa de repetir. El amor es el deseo de un conocimiento íntimo, de modo que la búsqueda de la inteligencia jamás será un requisito interior necesario para el amor. Dicho de otro modo, existe una coherencia del amor y de la verdad. (...) La fe cristiana puede decir de sí misma que ha encontrado el amor. Pero el amor por Cristo y por el prójimo para el agrado de Cristo sólo puede disfrutar de estabilidad y consistencia si su motivación más profunda es el amor por la verdad. (....) El verdadero amor al prójimo también desea proporcionarle los elementos más profundos que el hombre necesita: esto es, el conocimiento y la verdad.

Lo contrario de la indiferencia

El amor es exactamente lo contrario de la indiferencia hacia el otro. No puede admitir que las llamas del amor de Cristo se apaguen en el otro, que la amistad y el conocimiento del Señor puedan declinar, por temor a que «las preocupaciones del mundo y la seducción de las riquezas ahoguen la palabra» (Mt 13:22).

«El que ha de venir»

Juan enunció en su Evangelio una primera teología de la memoria: ésta no es únicamente un lugar mecánico donde se almacena la información, como sucede con las computadoras. Lo es, pero es mucho más que eso. El momento que se conserva se reencuentra con el nuevo y, de resultas, el pasado se ilumina y lo que antes era invisible ahora queda desvelado y se reconoce. Permanece igual y al mismo tiempo crece. Descubrimos con mayor plenitud la Palabra en las palabras, y así cada vez se produce la misma revelación pero se descubre y aparece en toda su gloria de generación en generación, verdaderamente nueva en cada instante de su propia vida. Dios nos ha dado a Cristo el Hijo, Él, su Palabra toda. No podría habernos dado más. En este sentido la revelación queda cerrada; pero porque su Palabra es el propio Dios y todas las palabras nos llevan hacia la Palabra, precisamente por ese motivo jamás queda perdida en el pasado, sino que está siempre en el presente y en el futuro. Constituye al mismo tiempo el ancla de nuestra vida eterna y la puerta hacia la eternidad, la garantía de una vida eterna, más fuerte que la muerte. Así, Cristo es el que vino y al mismo tiempo es el que ha de venir. Por esta razón creemos en el Redentor que ya ha venido y sin embargo, al mismo tiempo, le esperamos: *Maranatha!*

Ignorancia de los amantes

En su discurso en *El simposio,* Aristófanes afirma que los amantes no saben realmente lo que desean el uno del otro. Desde la búsqueda de algo más que su propio placer, es obvio que las almas de ambos están sedientas de un sentimiento que vaya más allá del placer amoroso. Pero el corazón no es capaz de expresar qué es ese «algo más», «pues sólo posee una difusa percepción de lo que realmente anhela, y se pregunta acerca de ese enigma».

En el rostro de Cristo, tan desfigurado, aparece la auténtica y extrema belleza: la hermosura del amor que va «hasta el final», y por eso se revela como un sentimiento mayor que la falsedad y la violencia. Todo aquél que haya percibido esa belleza sabe bien que es la verdad, y no la mentira, la verdadera aspiración del mundo. No es la mentira la que es «verdadera», sino la Verdad. Es así, como así era; se trata de un nuevo engaño de lo falso presentarse como la «verdad» y afirmar que por encima de sí no hay nada, que debemos dejar de buscar o incluso de amar la verdad, pues al hacerlo seguimos un camino equivocado. La imagen de Cristo en la cruz nos libera de esta mentira que tan extendida está hoy en día.

Libertad verdadera

«No se hará mi voluntad, sino la tuya». En esta comunión de voluntades tiene lugar nuestra redención: ser amigos de Jesús para ser amigos de Dios. Cuanto más amemos a Jesús, cuanto más le conozcamos, más crecerá nuestra verdadera libertad, así como nuestra alegría al redimirnos. ¡Gracias, Jesús, por su amistad!

Bofeteado en la cara

Volvemos a las «dos trompetas» de la Biblia con las que empezamos, a la paradoja de que somos capaces de decir de Cristo que es «el más hermoso de los hijos de los hombres», y también «no poseía ninguna belleza, ninguna majestad que atrajera nuestros ojos, ninguna gracia que nos haga regocijarnos en Él». En la Pasión de Cristo, la estética griega que merece admiración por su contacto percibido con lo divino, pero que no pudo expresarse, no desaparece, sino que se supera. La experiencia de lo bello se dota de una nueva profundidad y realismo. El Uno que es la Belleza en sí misma dejó que le abofetearan el rostro, que le escupieran y le coronaran con espinas; la Sábana Santa nos ayuda a imaginar su martirio de forma realista. Sin embargo, impone una condición: que dejemos que nos hieran por Él, y que creamos en un amor que se arriesga a prescindir de su belleza exterior para proclamar así la verdad de lo bello.

Pruebas de la autenticidad de mi amor

Durante mi plegaria durante la comunión, por un lado debo mirar en todo momento hacia Cristo, permitiendo que me transforme, incluso para quemarme envuelto en sus ardientes llamas. Pero también debo ser consciente de cómo Él me une orgánicamente con los demás miembros de la comunión: con el que tengo a mi lado, que quizá no me guste mucho, y también con aquellos que están lejos, en Asia, África, América o cualquier otro lugar. Así me convierto en uno más, y es menester que aprenda a abrirme hacia ellos e implicarme en sus situaciones.

Esta es la prueba de la autenticidad de mi amor por Cristo. Si estoy unido con Cristo, estoy junto a mi vecino, y dicha unidad no termina en el momento de la comunión, sino que empieza en ella.

XXIX

SANTIDAD

La luz de la vida

El fruto del sacrificio de Cristo aparece de nuevo en ellos: el grano de trigo que murió no quedó en nada, sino que a lo largo de los siglos dio muchos frutos. En ellos Cristo se muestra como Aquel que vive en el presente, que continuamente exhorta a hombres y mujeres para que le imiten y les concede la gracia de la santidad: los asemeja a Dios. A través de estas personas el Reino de Dios entra en el mundo: la luz de la vida, que se opone a la destrucción de la humanidad que los poderes del mal tratan de llevar a cabo.

En la segunda lectura de hoy, escucharemos las cualidades que hacen a los santos, y cuál es el camino correcto para todos nosotros, «que creamos en el nombre de su Hijo Jesucristo y que nos amemos unos a otros» (1 Jn 3:23). Creer y amar van de la mano: la comunión con Cristo lleva al amor y el camino más corto hacia nuestro vecino es la comunión con Cristo, que está más cerca de cada uno que nosotros de nuestro propio ser.

Dar buenos frutos

«Yo os he escogido a vosotros, y os he destinado para que vayáis y deis frutos y que vuestro fruto permanezca» (Jn 15:16). Es aquí donde se expresa la existencia dinámica del cristiano, del apóstol: «Os escojo para que deis frutos». Debemos dejar que nos inspire una agitación santa: para llevar a todos el don de la fe, de la amistad con Cristo. En verdad, el amor y la amistad de Dios nos fueron concedidos para compartirlos con los demás. Hemos recibido la fe para que podamos concederla a los demás. (...) Debemos dar un fruto que permanezca. Todo el mundo quiere dejar tras de sí una huella que perdure, pero ¿qué es lo que perdura? El dinero no, ni los edificios ni tampoco los libros. En el transcurso del tiempo, ya sea corto o largo, todas estas cosas desaparecen. Lo único que permanece para siempre es el alma humana, la persona humana creada por Dios para la eternidad. El fruto que permanece, pues, es el que hemos cultivado en las almas humanas: el amor, el conocimiento, un gesto capaz de conmover al corazón, las palabras con las que abrir el alma a la alegría del Señor. Vayamos pues al Señor y oremos, para que nos ayude a dar los frutos que perduran. Únicamente así se transformará la Tierra, y pasará de ser un valle de lágrimas a ser el jardín de Dios.

«Escoger a Dios, ¡escoger la vida!»

Escoger a Dios significa, de acuerdo con el Deuteronomio, lo siguiente: amarle, entrar en comunión de pensamiento y voluntad con Él, confiarle nuestro espíritu, seguir sus caminos. La liturgia del jueves que sigue al Miércoles de Ceniza presenta, después del texto del Deuteronomio, el pasaje del Evangelio de san Lucas 9:22–25, esto es, la predicción de la Pasión de Jesucristo, en la cual rectifica la falsa idea que Pedro tiene del Mesías, y rechaza así la tentación de la falsa elección, que es la tentación por excelencia. Entonces el Señor aplica esta predicción a su propio camino y nos muestra cómo podemos escoger la vida. «Porque quien quiera salvar su vida, la perderá; pero quien pierda su vida por mí, ése la salvará. Pues, ¿de qué le sirve al hombre haber ganado el mundo entero, si él mismo se pierde o se arruina?» (Lc 9:24). La cruz nada tiene que ver con la negación de la vida, con negarse la alegría y la plenitud de ser humano. Al contrario, nos muestra exactamente la verdadera vía por la cual un individuo puede hallar la vida. Aquel que se aferra a su vida y quiere ser su dueño, terminará perdiéndola. Sólo perdiéndonos hallaremos el camino tanto de nuestro espíritu como de la vida. Los hombres más valientes han osado perderse, entregarse; y cuanto más han aprendido a olvidarse de sí mismos, sus vidas han sido más grandes y más ricas. Pensemos en Francisco de Asís, en Teresa de Ávila, en Vicente de Paúl, en el cura de Ars, en Maximilian Kolbe, y veremos modelos de verdaderos discípulos que nos muestran el camino de la vida, porque nos muestran a Cristo. De ellos podemos aprender a escoger a Dios, escoger a Cristo y, con ello, escoger la vida.

XXX

VIDA ETERNA

El fuego del juicio

El purgatorio (...) no es una especie de campo de concentración supraterrenal donde uno es forzado a soportar castigos varios de forma más o menos arbitraria. Es más bien el proceso necesario de transformación que un individuo debe experimentar para ser digno de Cristo, digno de Dios, y así capaz y digno de la unidad que es la comunión total con los santos. Contemplar a las personas con una mínima noción de realismo es, sencillamente, todo cuanto hace falta para comprender cuán necesario es dicho proceso. No equivale a reemplazar la gracia por obras, pero sí permite que ésta surja plenamente victoriosa como gracia, precisamente. La verdadera salvación es la plena aceptación de la fe. Pero en muchos de nosotros, esta elección tan esencial está enterrada bajo una montaña de madera, heno y paja. Sólo después de grandes dificultades somos capaces de escudriñar qué hay más allá de las celosías de un egoísmo que no podemos derribar con nuestras propias manos. El hombre es el destinatario de la misericordia divina, pero no obstante esto no le exonera de la necesidad de transformarse. El encuentro con el Señor es la transformación en sí. Es el fuego que quema nuestra escoria y nos concede nueva forma, para convertirnos en navíos de alegría eterna.

La justicia de Dios

En la Vigilia de Pascua, la luz de la justicia divina expulsa la oscuridad del pecado y de la muerte; la piedra del sepulcro (hecha de la misma materia que las piedras que actualmente llenan las manos de aquellos que, en el Evangelio de hoy, buscan matar a Cristo) es apartada para siempre y a la vida humana se le concede un futuro que va más allá de las categorías de este mundo y que por ello revela el verdadero sentido y valor de las realidades terrenales.

Nosotros, los que hemos sido bautizados, como niños de un mundo que está todavía por venir, alcanzamos a entrever en la liturgia de la vigilia de Pascua un poco de ese mundo y a respirar la atmósfera de ese mundo, en el que la justicia de Dios habitará para siempre. Entonces, renovados y transformados por los Misterios que celebramos, podemos caminar en este mundo justamente, viviendo, como dice de forma tan hermosa el Prefacio a la Cuaresma, «vivamos en este mundo temporal con el corazón puesto en la realidad eterna».

XXXI

VERDADERA ALEGRÍA

Oremos

Oremos para que el Señor ilumine nuestros pasos, nos dé la fe necesaria para construir este mundo, la fe que nos ayude a encontrar el camino de la vida, la verdadera alegría. Amén.

El nuevo mundo

En conclusión, volvamos a la carta a los Efesios, que dice con las palabras del salmo 68 que Cristo, al ascender a los cielos, «dio dones a los hombres» (Ef 4:8). El victorioso ofrece regalos, y éstos son los apóstoles, los profetas, los evangelizadores, los pastores y los maestros. Nuestro ministerio es un don de Cristo hacia la humanidad, para construir su cuerpo: el nuevo mundo. ¡Así habremos de vivir nuestro ministerio, como un regalo de

Cristo a la humanidad! Pero en estos momentos, por encima de todo, debemos rezar con insistencia al Señor, para que después del gran regalo que fue el Papa Juan Pablo II, de nuevo nos otorgue un pastor que siga su espíritu, un pastor que nos guíe hacia el conocimiento en Cristo, hacia su amor y su verdadera alegría. Amén.

Unidos en la alabanza

El Señor está cerca de nosotros en nuestra conciencia, con su palabra, con su presencia personal en la Eucaristía: ésta constituye la dignidad del cristiano y la razón para su alegría. Por lo tanto, nos regocijamos, y esta alegría se expresa cuando alabamos a Dios. Hoy podemos ver que la cercanía del Señor une a la gente y les aproxima unos a otros: pues tenemos al mismo Señor Jesucristo en Munich y en Roma, y formamos parte de un único pueblo de Dios, por encima de todas las fronteras, unidos en la llamada de nuestra conciencia, unidos por la palabra del Señor, unidos en la comunión con Jesucristo, unidos en la alabanza de Dios, que es nuestra alegría y nuestra redención.

Ayúdanos a seguirte

Señor, ayúdenos a mantenernos apartados de aquellos que desprecian a los débiles y su sufrimiento. Ayúdanos a reconocer tu rostro en los miserables y los parias. (...) Ojalá jamás nos lamentemos ni nos descorazonemos ante las pruebas que tengamos que soportar durante nuestra vida. Ayúdenos a seguir el camino del amor y, sometiéndonos a sus exigencias, alcanzar la verdadera alegría.

«La vida del hombre consiste en la visión de Dios»

Los designios de Dios no anulan, sino que exigen la acción del hombre. Así la gloria de Dios brilla de una forma nueva y especial en el hombre, creado a su imagen y semejanza, precisamente en aquellos momentos en los que el hombre se convierte en un colaborador activo de la Providencia y mediante su libertad, se dispone a llevar a los designios de Dios hasta la perfección, a través de sus actos (Santo Tomás de Aquino, *Summa Theologiae*, I–II, *Prologus*). Por encima de todo, el hombre está llamado a promover la vida, haciendo de sus acciones una expresión de ese don del ser, y plasmar esa caridad que brilla con absoluta plenitud en el rostro de Cristo, la perfecta imagen del Padre y modelo de todo hombre. Existe, sin embargo, otra expresión sobre la cual hay que meditar. Es la expresión que completa la frase de San Ireneo que fue escogida como título de nuestra Conferencia: «*Vita autem hominis visio Dei*» (San Ireneo, ibid.).

Pero la vida del hombre consiste en la visión de Dios. Sí, pues únicamente cuando el hombre reconoce su verdadero propósito en su relación con Dios, sólo entonces está a salvo su dignidad, y su libertad toma una dirección correcta, y sus acciones son constructivas.

Las Navidades eternas

En Navidad se produjo el nacimiento del Hijo de Dios, un hecho tremendo y más allá de nuestra imaginación y nuestra razón; y sin embargo es un acontecimiento que desde siempre se había esperado, y que sin lugar a dudas era necesario. Sucedió que Dios entró en nuestro mundo y caminó entre nosotros. (...) El significado eterno del mundo se acercó tanto a nosotros durante estos hechos que llegamos hasta a tocarlo con nuestras manos, y verlo con nuestros ojos. Lo que Juan llama «la Palabra» es, después de todo, mucho más que eso. En el pensamiento griego de la época, también equivalía a «significado». Por lo tanto, no sería equivocado traducir la frase como «el significado se hizo carne».

Tercera Parte

EL PONTIFICADO DE
BENEDICTO XVI

Los acontecimientos de abril de 2005, desde la defunción de Juan Pablo II el 2 de abril y su misa de funeral el 8 de abril, hasta la elección de Benedicto XVI el 19 de abril y su misa inaugural el 24 de abril, capturaron la atención del mundo.

La esperanza, la alegría y la belleza que el mundo experimentó durante aquellos días quedó reflejada en las elocuentes y sentidas palabras de las homilías que Benedicto XVI pronunció en los días posteriores a su elección.

El punto culminante fue la homilía de la misa inaugural, donde pasó de una reflexión sobre el «desierto interno» del corazón humano a una reflexión sobre los deberes de los líderes políticos más poderosos. En las páginas siguientes dejaremos que, de nuevo, sea el propio Benedicto el que hable.

❦ XXXII ❧

PRIMERAS PALABRAS COMO PAPA

Queridos hermanos y hermanas:

Después de nuestro gran Papa, Juan Pablo II, los cardenales me han elegido a mí, un simple y humilde trabajador de la viña del Señor. Me consuela que el Señor sabe cómo obrar y cómo actuar, incluso con herramientas insuficientes, y confío especialmente en las oraciones de ustedes. En el gozo del Señor resucitado, confiado en su permanente ayuda, seguimos adelante, seguros de la ayuda de Dios. Y María, su amadísima madre, permanece a nuestro lado. Gracias.

❦ XXXIII ❧

PRIMER MENSAJE AL MUNDO

Venerados hermanos cardenales; amadísimos hermanos y hermanas en Cristo; todos ustedes, hombres y mujeres de buena voluntad:

«¡Gracia y paz en abundancia a todos vosotros!» (1 P 1:2). En mi espíritu conviven en estos momentos dos sentimientos opuestos. Por una parte, un sentimiento de incapacidad y de turbación humana mientras me enfrento a la responsabilidad con respecto a la Iglesia universal, como sucesor del apóstol Pedro en esta Sede de Roma, que ayer me fue confiada. Por otra, siento viva en mí una profunda gratitud a Dios, que, como cantamos en la sagrada liturgia, no abandona nunca a su rebaño, sino que lo conduce a través de las vicisitudes de los tiempos, bajo la guía de los que Él mismo ha escogido como vicarios de su Hijo y ha constituido pastores (cfr. *Prefacio de los Apóstoles*, I).

Amadísimos hermanos, esta íntima gratitud por el don de la misericordia divina prevalece en mi corazón, a pesar de todo. Y lo considero como una gracia especial que me ha obtenido mi venerado predecesor Juan Pablo II. Me parece sentir su mano fuerte que estrecha la mía; me parece ver sus ojos sonrientes y escuchar sus palabras, dirigidas en este momento particularmente a mí: «¡No tengas miedo!».

La muerte del Santo Padre Juan Pablo II y los días sucesivos han sido para la Iglesia y para el mundo entero un tiempo extraordinario de gracia. El gran dolor por su fallecimiento y la sensación de vacío que ha dejado en todos se han mitigado gracias a la acción de Cristo resucitado, que se ha manifestado durante muchos días en la multitudinaria oleada de fe, de amor y de solidaridad espiritual que culminó en sus exequias solemnes.

Podemos decir que el funeral de Juan Pablo II fue una experiencia realmente extraordinaria, en la que, de alguna manera, se percibió el poder de Dios que, a través de su Iglesia, quiere formar con todos los pueblos una gran familia mediante la fuerza unificadora de la verdad y del amor (cfr. *Lumen Gentium,* I). En la hora de la muerte, configurado con su Maestro y Señor, Juan Pablo II coronó su largo y fecundo pontificado, confirmando en la fe al pueblo cristiano, congregándolo en torno a sí y haciendo que toda la familia humana se sintiera más unida.

¿Cómo no sentirse apoyados por este testimonio? ¿Cómo no experimentar el impulso que brota de este acontecimiento de gracia?

Contra todas mis previsiones, la divina Providencia, a través del voto de los venerados padres cardenales, me ha llamado a suceder a este gran Papa. En estos momentos vuelvo a pensar en lo que sucedió en la región de Cesarea de Filipo hace dos mil años. Me parece escuchar las palabras de Pedro: «Tú eres el Cristo, el Hijo de Dios vivo», y la solemne afirmación del Señor: «Tú eres

Pedro, y sobre esta piedra edificaré mi Iglesia. (...) A ti te daré las llaves del reino de los cielos» (Mt 16:15–19).

¡Tú eres el Cristo! ¡Tú eres Pedro! Me parece revivir esa misma escena evangélica; yo, sucesor de Pedro, repito con estremecimiento las estremecedoras palabras del pescador de Galilea y vuelvo a escuchar con íntima emoción la consoladora promesa del divino Maestro. Si es enorme el peso de la responsabilidad que cae sobre mis débiles hombros, sin duda es inmensa la fuerza divina con la que puedo contar: «Tú eres Pedro, y sobre esta piedra edificaré mi Iglesia» (Mt 16:18). Al escogerme como Obispo de Roma, el Señor ha querido que sea su vicario, ha querido que sea la «piedra» en la que todos puedan apoyarse con seguridad. A Él le pido que supla la pobreza de mis fuerzas, para que sea valiente y fiel pastor de su rebaño, siempre dócil a las inspiraciones de su Espíritu.

Me dispongo a iniciar este ministerio peculiar, el ministerio «petrino» al servicio de la Iglesia universal, abandonándome humildemente en las manos de la Providencia de Dios. Ante todo, renuevo a Cristo mi adhesión total y confiada: *In Te, Domine, speravi; non confundar in aeternum!*».

A ustedes, venerados hermanos cardenales, con espíritu agradecido por la confianza que me han manifestado, les pido que me sostengan con la oración y con la colaboración constante, activa y sabia. A todos los hermanos en el episcopado les pido también que me acompañen con la oración y con el consejo, para que pueda ser verdaderamente el «*Servus servorum Dei*». Como Pedro y los demás Apóstoles constituyeron por voluntad del Señor un único Colegio apostólico, del mismo modo el sucesor de Pedro y los obispos, sucesores de los Apóstoles, tienen que estar muy unidos entre sí, como reafirmó con fuerza el Concilio (cfr. *Lumen Gentium*, 22). Esta comunión colegial, aunque sean diversas las responsabilidades y las funciones del Romano Pontífice y de los obispos, está al servicio de la Iglesia y de la unidad en la fe de todos los creyentes, de la que depende en gran medida la eficacia de la acción evangelizadora en el mundo contemporáneo. Por tanto, quiero proseguir por esta senda, por la que han avanzado mis venerados predecesores, preocupado únicamente de proclamar al mundo entero la presencia viva de Cristo.

Tengo ante mis ojos, en particular, el testimonio del Papa Juan Pablo II. Deja una Iglesia más valiente, más libre, más joven. Una Iglesia que, según su doctrina y su ejemplo, mira con serenidad al pasado y no tiene miedo al futuro. Con el gran jubileo ha entrado en el nuevo milenio, llevando en las manos el Evangelio, aplicado al mundo actual a través de la autorizada relectura del Concilio Vaticano II. El Papa Juan Pablo II presentó con acierto ese concilio como «brújula» para orientarse en el vasto océano del tercer milenio (cfr. *Novo millennio ineunte*, 57–58). También en su testamento espiritual anotó: «Estoy convencido de que durante mucho tiempo aún las nuevas generaciones podrán recurrir a las riquezas que este Concilio del siglo XX nos ha regalado» (17.III.2000; *L'Osservatore Romano*, edición en inglés [*ORE*], 13 de abril de 2005, p. 4).

Por eso, también yo, al disponerme para el servicio del sucesor de Pedro, quiero reafirmar con fuerza mi decidida voluntad de proseguir en el compromiso de aplicación del Concilio Vaticano II, a ejemplo de mis predecesores y en continuidad fiel con la tradición de dos mil años de la Iglesia. Este año se celebrará el cuadragésimo aniversario de la clausura de la asamblea conciliar (8 de diciembre de 1965). Los documentos conciliares no han perdido su actualidad con el paso de los años; al contrario, sus enseñanzas se revelan particularmente pertinentes ante las nuevas instancias de la Iglesia y de la actual sociedad globalizada.

Mi pontificado inicia, de manera particularmente significativa, mientras la Iglesia vive el año especial dedicado a la Eucaristía. ¿Cómo no percibir en esta coincidencia providencial un elemento que debe caracterizar el ministerio al que he sido llamado? La Eucaristía, corazón de la vida cristiana y manantial de la misión evangelizadora de la Iglesia, no puede menos de constituir siempre el centro y la fuente del servicio petrino que me ha sido confiado.

La Eucaristía hace presente constantemente a Cristo resucitado, que se sigue entregando a nosotros, llamándonos a participar en la mesa de su Cuerpo y su Sangre. De la comunión plena con Él brota cada uno de los elementos de la vida de la Iglesia, en primer lugar la comunión entre todos los fieles, el compromiso de anuncio y de testimonio del Evangelio y el ardor de la caridad hacia todos, especialmente hacia los pobres y los pequeños.

Por tanto, en este año se deberá celebrar de un modo singular la solemnidad del *Corpus Christi.* Además, en agosto, la Eucaristía será el centro de la Jornada Mundial de la Juventud en Colonia y, en octubre, de la Asamblea Ordinaria del Sínodo de los obispos, cuyo tema será: «La Eucaristía, fuente y cumbre de la vida y de la misión de la Iglesia». Pido a todos que en los próximos meses intensifiquen su amor y su devoción a Jesús en la Eucaristía y que expresen con valentía y claridad su fe en la presencia real del Señor, sobre todo con celebraciones solemnes y correctas.

Se lo pido de manera especial a los sacerdotes, en los que pienso en este momento con gran afecto. El sacerdocio ministerial nació en el Cenáculo, junto con la Eucaristía, como tantas veces subrayó mi venerado predecesor Juan Pablo II. «La existencia sacerdotal ha de tener, por un título especial, "forma eucarística"», escribió en su última *Carta a los sacerdotes con ocasión del Jueves Santo* (n. 1, *ORE*, 23 de marzo de 2005, p. 4). A este objetivo contribuye mucho, ante todo, la devota celebración diaria del sacrificio eucarístico, centro de la vida y de la misión de todo sacerdote.

Alimentados y sostenidos por la Eucaristía, los católicos no pueden menos de sentirse impulsados a la plena unidad que Cristo deseó tan ardientemente en el Cenáculo. El sucesor de Pedro sabe que tiene que hacerse cargo de modo muy particular de este supremo deseo del divino Maestro, pues a él se le ha confiado la misión de confirmar a los hermanos (cfr. Lc 22:32).

Por tanto, con plena conciencia, al inicio de su ministerio en la Iglesia de Roma que Pedro regó con su sangre, su actual sucesor asume como compromiso prioritario trabajar con el máximo empeño en el restablecimiento de la unidad plena y visible de todos los discípulos de Cristo. Esta es su voluntad y este es su apremiante deber. Es consciente de que para ello no bastan las manifestaciones de buenos sentimientos. Hacen falta gestos concretos que penetren en los espíritus y sacudan las conciencias, impulsando a cada uno a la conversión interior, que es el fundamento de todo progreso en el camino del ecumenismo.

El diálogo teológico es muy necesario. También es indispensable investigar las causas históricas de algunas decisiones tomadas en el pasado. Pero lo más urgente es la «purificación de la memoria», tantas veces recordada por Juan Pablo II, la única que puede disponer a los espíritus para acoger la verdad plena de Cristo. Ante Él, juez supremo de todo ser vivo, debe ponerse cada uno, consciente de que un día deberá rendirle cuentas de lo que ha hecho u omitido por el gran bien de la unidad plena y visible de todos sus discípulos.

El actual sucesor de Pedro se deja interpelar en primera persona por esa exigencia y está dispuesto a hacer todo lo posible para promover la causa prioritaria del ecumenismo. Siguiendo las huellas de sus predecesores, está plenamente decidido a impulsar toda iniciativa que pueda parecer oportuna para fomentar los contactos y el entendimiento con los representantes de las diferentes Iglesias y comunidades eclesiales. Más aun, a ellos les dirige, también en esta ocasión, el saludo más cordial en Cristo, único Señor de todos.

En este momento, vuelvo con la memoria a la inolvidable experiencia que hemos vivido todos con ocasión de la muerte y las exequias del llorado Juan Pablo II. En torno a sus restos mortales, depositados en la tierra desnuda, se reunieron jefes de naciones, personas de todas las clases sociales, y especialmente jóvenes, en un inolvidable abrazo de afecto y admiración. El mundo entero con confianza dirigió a él su mirada. A muchos les pareció que esa intensa participación, difundida hasta los confines del planeta por los medios de comunicación social, era como una petición común de ayuda dirigida al Papa por la humanidad actual, que, turbada por incertidumbres y temores, se plantea interrogantes sobre su futuro.

La Iglesia de hoy debe reavivar en sí misma la conciencia de su deber de volver a proponer al mundo la voz de Aquel que dijo: «Yo soy la luz del mundo; el que me siga no caminará en la oscuridad, sino que tendrá la luz de la vida» (Jn 8:12). Al iniciar su ministerio, el nuevo Papa sabe que su misión es hacer que resplandezca ante los hombres y las mujeres de hoy la luz de Cristo: no su propia luz, sino la de Cristo.

Con esta conciencia me dirijo a todos, también a los seguidores de otras religiones o a los que simplemente buscan una respuesta al interrogante fundamental de la existencia humana y todavía no la han encontrado. Me dirijo a todos con sencillez y afecto, para asegurarles que la Iglesia quiere seguir manteniendo con ellos un diálogo abierto y sincero, en busca del verdadero bien del hombre y de la sociedad.

Pido a Dios la unidad y la paz para la familia humana y reafirmo la disponibilidad de todos los católicos a colaborar en el auténtico desarrollo social, respetuoso de la dignidad de todo ser humano.

No escatimaré esfuerzos ni empeño para proseguir el prometedor diálogo entablado por mis venerados predecesores con las diferentes culturas, para que de la comprensión recíproca nazcan las condiciones de un futuro mejor para todos.

Pienso de modo especial en los jóvenes. A ellos, que fueron los interlocutores privilegiados del Papa Juan Pablo II, va mi afectuoso abrazo, a la espera de encontrarme con ellos, si Dios quiere, en Colonia, con ocasión de la próxima Jornada Mundial de la Juventud. Queridos jóvenes, que son el futuro y la esperanza de la Iglesia y de la humanidad, seguiré dialogando con ustedes, escuchando sus expectativas para ayudarles a conocer cada vez con mayor profundidad a Cristo vivo, que es eternamente joven.

Mane nobiscum, Domine! ¡Quédate con nosotros, Señor! Esta invocación, que constituye el tema principal de la Carta apostólica de Juan Pablo II para el Año de la Eucaristía, es la oración que brota de modo espontáneo de mi corazón, mientras me dispongo a iniciar el ministerio al que me ha llamado Cristo. Como Pedro, también yo le renuevo mi promesa de fidelidad incondicional. Sólo a él quiero servir dedicándome totalmente al servicio de su Iglesia.

Para poder cumplir esta promesa, invoco la materna intercesión de María santísima, en cuyas manos pongo el presente y el futuro de mi persona y de la Iglesia. Que intercedan también con su oración los santos apóstoles Pedro y Pablo y todos los santos.

Con estos sentimientos, les imparto mi afectuosa bendición a ustedes, venerados hermanos cardenales, a cada uno de los que participan en este rito y a cuantos lo siguen mediante la televisión y la radio.

❦ XXXIV ❦

PRIMERA HOMILÍA COMO PAPA

Señores cardenales, venerables hermanos en el episcopado y en el sacerdocio, distinguidas autoridades y miembros del cuerpo diplomático, queridos hermanos y hermanas:

Por tres veces nos ha acompañado en estos días tan intensos el canto de las letanías de los santos: durante los funerales de nuestro Santo Padre Juan Pablo II, con ocasión de la entrada de los cardenales en cónclave y también hoy, cuando las hemos cantado de nuevo con la invocación: *Tu illum adiuva*, asiste al nuevo sucesor de San Pedro.

He oído este canto orante cada vez de un modo completamente singular, como un gran consuelo. ¡Cómo nos hemos sentido abandonados tras el fallecimiento de Juan Pablo II! El Papa que durante veintiséis años ha sido nuestro pastor y guía en el camino a través de nuestros tiempos.

Él cruzó el umbral hacia la otra vida, entrando en el misterio de Dios. Pero no dio este paso en solitario. Quien cree, nunca está solo; no lo está en la vida ni tampoco en la muerte. En aquellos momentos hemos podido invocar a los santos de todos los siglos, sus amigos, sus hermanos en la fe, sabiendo que serían el cortejo viviente que lo acompañaría en el más allá, hasta la gloria de Dios.

Nosotros sabíamos que allí se esperaba su llegada. Ahora sabemos que él está entre los suyos y se encuentra realmente en su casa.

Hemos sido consolados de nuevo realizando la solemne entrada en cónclave para elegir al que Dios había escogido. ¿Cómo podíamos reconocer su nombre? ¿Cómo 115 obispos, procedentes de todas las culturas y países, podían encontrar a quien Dios quería otorgar la misión de atar y desatar?

Una vez más, lo sabíamos; sabíamos que no estamos solos, que estamos rodeados, guiados y conducidos por los amigos de Dios. Y ahora, en este momento, yo, débil siervo de Dios, he de asumir este cometido inaudito, que supera realmente toda capacidad humana. ¿Cómo puedo hacerlo? ¿Cómo seré capaz de llevarlo a cabo?

Todos ustedes, queridos amigos, acaban de invocar a toda la muchedumbre de los santos, representada por algunos de los grandes nombres de la historia que Dios teje con los hombres. De este modo, también en mí se reaviva esta conciencia: no estoy solo. No tengo que llevar yo solo lo que, en realidad, nunca podría soportar yo solo.

La muchedumbre de los santos de Dios me protege, me sostiene y me conduce. Y me acompañan, queridos amigos, la indulgencia, el amor, la fe y la esperanza de ustedes. En efecto, a la comunidad de los santos no pertenecen sólo las grandes figuras que nos han precedido y cuyos nombres conocemos. Todos nosotros somos la comunidad de los santos; nosotros, bautizados en el nombre del Padre, del Hijo y del Espíritu Santo; nosotros, que vivimos del don de la carne y la sangre de Cristo, por medio del cual quiere transformarnos y hacernos semejantes a sí mismo.

Sí, la Iglesia está viva; esta es la maravillosa experiencia de estos días. Precisamente en los tristes días de la enfermedad y la muerte del Papa, algo se ha manifestado de modo maravilloso ante nuestros ojos: que la Iglesia está viva. Y la Iglesia es joven. Ella lleva en sí misma el futuro del mundo y, por tanto, indica también a cada uno de nosotros la vía hacia el futuro. La Iglesia está viva y nosotros lo vemos: experimentamos la alegría que el Resucitado ha prometido a los suyos. La Iglesia está viva; está viva porque Cristo está vivo, porque él ha resucitado verdaderamente.

En el dolor que aparecía en el rostro del Santo Padre en los días de Pascua, hemos contemplado el misterio de la pasión de Cristo y tocado al mismo tiempo sus heridas. Pero en todos estos días también hemos podido tocar, en un sentido profundo, al Resucitado. Hemos podido experimentar la alegría que Él ha prometido, después de un breve tiempo de oscuridad, como fruto de su resurrección.

La Iglesia está viva: de este modo saludo con gran gozo y gratitud a todos ustedes que están aquí reunidos, venerables hermanos cardenales y obispos, queridos sacerdotes, diáconos, agentes de pastoral y catequistas.

Les saludo a ustedes, religiosos y religiosas, testigos de la presencia transfigurante de Dios. Les saludo a ustedes, fieles laicos, inmersos en el gran campo de la construcción del Reino de Dios que se expande en el mundo, en cualquier manifestación de la vida. El saludo se llena de afecto al dirigirlo también a todos los que, renacidos en el sacramento del bautismo, aún no están en plena comunión con nosotros; y a ustedes, hermanos del pueblo hebreo, al que estamos estrechamente unidos por un gran patrimonio espiritual común, que hunde sus raíces en las irrevocables promesas de Dios. Pienso, en fin —casi como una onda que se expande— en todos los hombres de nuestro tiempo, creyentes y no creyentes.

¡Queridos amigos! En este momento no necesito presentar un programa de gobierno. Algún rasgo de lo que considero mi tarea, la he podido exponer ya en mi mensaje del miércoles, 20 de abril; no faltarán otras ocasiones para hacerlo.

Mi verdadero programa de gobierno es no hacer mi voluntad, no seguir mis propias ideas, sino de ponerme, junto con toda la

Iglesia, a la escucha de la palabra y de la voluntad del Señor y dejarme conducir por Él, de tal modo que sea Él mismo quien conduzca a la Iglesia en esta hora de nuestra historia.

En lugar de exponer un programa, desearía más bien intentar comentar simplemente los dos signos con los que se representa litúrgicamente el inicio del ministerio petrino; por lo demás, ambos signos reflejan también exactamente lo que se ha proclamado en las lecturas de hoy.

El primer signo es el palio, tejido de lana pura, que se me pone sobre los hombros. Este signo antiquísimo, que los obispos de Roma llevan desde el siglo IV, puede ser considerado como una imagen del yugo de Cristo, que el obispo de esta ciudad, el siervo de los siervos de Dios, toma sobre sus hombros.

El yugo de Dios es la voluntad de Dios que nosotros acogemos. Y esta voluntad no es un peso exterior, que nos oprime y nos priva de la libertad. Conocer lo que Dios quiere, conocer cuál es la vía de la vida, era la alegría de Israel, su gran privilegio.

Esta es también nuestra alegría: la voluntad de Dios, en vez de alejarnos de nuestra propia identidad, nos purifica —quizás a veces de manera dolorosa— y nos hace volver de este modo a nosotros mismos. Y así, no servimos solamente a Él, sino también a la salvación de todo el mundo, de toda la historia.

En realidad, el simbolismo del palio es más concreto aun: la lana de cordero representa la oveja perdida, enferma o débil, que el pastor lleva a cuestas para conducirla a las aguas de la vida.

La parábola de la oveja perdida, que el pastor busca en el desierto, fue para los Padres de la Iglesia una imagen del misterio de Cristo y de la Iglesia. La humanidad —todos nosotros— es la oveja descarriada en el desierto que ya no puede encontrar la senda.

El Hijo de Dios no permitirá que ocurra esto; no puede abandonar la humanidad a una situación tan miserable. Se alza en pie, abandona la gloria del cielo, para ir en busca de la oveja e ir tras ella, incluso hasta la cruz. La pone sobre sus hombros, carga con nuestra humanidad, nos lleva a nosotros mismos, pues Él es el buen pastor, que ofrece su vida por las ovejas.

El palio indica primeramente que Cristo nos lleva a todos nosotros. Pero, al mismo tiempo, nos invita a llevarnos unos a otros. Se convierte así en el símbolo de la misión del pastor del que hablan la segunda lectura y el Evangelio de hoy.

El fervor santo de Cristo ha de animar al pastor: no es indiferente para Él que muchas personas vaguen por el desierto. Y hay muchas formas de desierto: el desierto de la pobreza, el desierto del hambre y de la sed, el desierto del abandono, de la soledad, del amor destruido. Existe también el desierto de la oscuridad de Dios, del vacío de las almas que ya no tienen conciencia de la dignidad y del rumbo del hombre. Los desiertos exteriores se multiplican en el mundo, porque se han extendido los desiertos interiores.

Por eso, los tesoros de la tierra ya no están al servicio del cultivo del jardín de Dios, en el que todos puedan vivir, sino subyugados al poder de la explotación y la destrucción. La Iglesia en su conjunto, así como sus pastores, han de ponerse en camino como Cristo para rescatar a los hombres del desierto y conducirlos al lugar de la vida, hacia la amistad con el Hijo de Dios, hacia Aquel que nos da la vida, y la vida en plenitud.

El símbolo del cordero tiene todavía otro aspecto. Era costumbre en el antiguo Oriente Cercano que los reyes se llamaran a sí mismos pastores de su pueblo. Era una imagen de su poder, una imagen cínica: para ellos, los pueblos eran como ovejas de las que el pastor podía disponer a su agrado.

Por el contrario, el pastor de todos los hombres, el Dios vivo, se ha hecho Él mismo cordero, se ha puesto de la parte de los corderos, de los que son pisoteados y sacrificados. Precisamente así se revela Él como el verdadero pastor: «Yo soy el buen pastor. (...) Yo doy mi vida por las ovejas», dice Jesús de sí mismo (Jn 10:14ss.).

No es el poder lo que redime, sino el amor. Este es el signo de Dios: Él mismo es amor. ¡Cuántas veces desearíamos que Dios se mostrara más fuerte! Que actuara duramente, derrotara el mal y creara un mundo mejor.

Todas las ideologías del poder se justifican así, justifican la destrucción de lo que se opondría al progreso y a la liberación de la humanidad. Nosotros sufrimos por la paciencia de Dios.

Y, no obstante, todos necesitamos su paciencia. El Dios, que se ha hecho cordero, nos dice que el mundo se salva por el Crucificado y no por los crucificadores. El mundo es redimido por la paciencia de Dios y destruido por la impaciencia de los hombres.

Una de las características fundamentales del pastor debe ser amar a los hombres que le han sido confiados, tal como ama Cristo, a cuyo servicio está. «Apacienta mis ovejas», dice Cristo a Pedro, y también a mí, en este momento. Apacentar quiere decir amar, y amar quiere decir también estar dispuestos a sufrir.

Amar significa dar el verdadero bien a las ovejas, el alimento de la verdad de Dios, de la palabra de Dios; el alimento de su presencia, que Él nos da en el Santísimo Sacramento.

Queridos amigos, en este momento sólo puedo decir: rueguen por mí, para que aprenda a amar cada vez más al Señor. Rueguen por mí, para que aprenda a querer cada vez más a su rebaño, a ustedes, a la Santa Iglesia, a cada uno de ustedes, tanto personal como comunitariamente. Rueguen por mí, para que, por miedo, no huya ante los lobos. Roguemos unos por otros para que sea el Señor quien nos lleve y nosotros aprendamos a llevarnos unos a otros.

El segundo signo con el cual la liturgia de hoy representa el comienzo del ministerio petrino es la entrega del anillo del pescador.

La llamada de Pedro a ser pastor, que hemos oído en el Evangelio, viene después de la narración de una pesca abundante; después de una noche en la que echaron las redes sin éxito, los discípulos vieron en la orilla al Señor resucitado. Él les manda volver a pescar otra vez, y he aquí que la red se llena tanto que no tenían fuerzas para sacarla; había 153 peces grandes y, «aunque eran tantos, no se rompió la red» (Jn 21:11).

Este relato al final del camino terrenal de Jesús con sus discípulos se corresponde con uno del principio: tampoco entonces los discípulos habían pescado nada durante toda la noche; también entonces Jesús invitó a Simón a remar mar adentro. Y Simón, que todavía no se llamaba Pedro, dio aquella admirable respuesta: «Maestro, por tu palabra echaré las redes». Se le confió entonces la misión: «No temas, desde ahora serás pescador de hombres» (Lc 5:1–11).

También hoy se dice a la Iglesia y a los sucesores de los apóstoles que se adentren en el mar de la historia y echen las redes, para conquistar a los hombres para el Evangelio, para Dios, para Cristo, para la vida verdadera.

Los Padres han dedicado también un comentario muy particular a esta tarea singular. Dicen así: para el pez, creado para vivir en el agua, resulta mortal sacarlo del mar. Se le priva de su elemento vital para convertirlo en alimento del hombre. Pero en la misión del pescador de hombres ocurre lo contrario. Los hombres vivimos alienados, en las aguas saladas del sufrimiento y de la muerte; en un mar de oscuridad, sin luz.

La red del Evangelio nos rescata de las aguas de la muerte y nos lleva al resplandor de la luz de Dios, en la vida verdadera. Así es, efectivamente: en la misión de pescador de hombres, siguiendo a Cristo, hace falta sacar a los hombres del mar salado por todas las alienaciones y llevarlo a la tierra de la vida, a la luz de Dios.

Así es, en verdad: nosotros existimos para enseñar Dios a los hombres. Y únicamente donde se ve a Dios, comienza realmente la vida. Sólo cuando encontramos en Cristo al Dios vivo, conocemos lo que es la vida. No somos el producto casual y sin sentido de la evolución. Cada uno de nosotros es el fruto de un pensamiento de Dios. Cada uno de nosotros es querido, cada uno es amado, cada uno es necesario. Nada hay más hermoso que haber sido alcanzados, sorprendidos, por el Evangelio, por Cristo. Nada más bello que conocerle y comunicar a los otros la amistad con Él.

La tarea del pastor, del pescador de hombres, puede parecer a veces gravosa. Pero es gozosa y grande, porque en definitiva es un servicio a la alegría, a la alegría de Dios que quiere hacer su entrada en el mundo.

Quisiera ahora destacar todavía una cosa: tanto en la imagen del pastor como en la del pescador, emerge de manera muy explícita la llamada a la unidad. «Tengo, además, otras ovejas que no son de este redil; también a ésas las tengo que traer, y escucharán mi voz y habrá un solo rebaño, un solo Pastor» (Jn 10:16), dice Jesús al final del discurso del buen pastor.

Y el relato de los 153 peces grandes termina con la gozosa constatación: «Y aunque eran tantos, no se rompió la red» (Jn 21:11). Ay de mí, Señor amado, ¡ahora tenemos que reconocer que la red se ha roto! Pero no, ¡no debemos estar tristes! Alegrémonos por tu promesa que no defrauda y hagamos todo lo posible para seguir el camino hacia la unidad que Tú has prometido. Hagamos memoria de ella en la oración al Señor, mientras que le roguemos; sí, Señor, acuérdate de lo que prometiste. ¡Haz que seamos un solo pastor y un solo rebaño! ¡No permitas que se rompa tu red y ayúdanos a ser servidores de la unidad!

En este momento mi recuerdo vuelve al 22 de octubre de 1978, cuando el Papa Juan Pablo II inició su ministerio aquí en la Plaza de San Pedro. Todavía, y continuamente, resuenan en mis oídos sus palabras de entonces: «¡No temen! Abran, más todavía, abran de par en par las puertas a Cristo!»

El Papa hablaba a los fuertes, a los poderosos del mundo, los cuales tenían miedo de que Cristo pudiera quitarles algo de su poder si lo hubieran dejado entrar y hubieran concedido la libertad a la fe.

Sí, él ciertamente les habría quitado algo: el dominio de la corrupción, la manipulación de leyes y la libertad de hacer lo que quisieran. Pero no les habría quitado nada de lo que pertenece a la libertad del hombre, a su dignidad, a la edificación de una sociedad justa.

Además, el Papa hablaba a todos los hombres, sobre todo a los jóvenes. ¿Acaso no tenemos todos de algún modo miedo —si dejamos entrar a Cristo totalmente dentro de nosotros, si nos abrimos totalmente a Él—, miedo de que Él pueda quitarnos algo de nuestra vida?

¿Acaso no tenemos miedo de renunciar a algo grande, único, que hace la vida más bella? ¿No corremos el riesgo de encontrarnos luego en la angustia y vernos privados de la libertad?

Y todavía el Papa quería decir: ¡No! Quien deja entrar a Cristo no pierde nada, nada —absolutamente nada— de lo que hace la vida libre, bella y grande.

¡No! Sólo con esta amistad se abren las puertas de la vida. Sólo con esta amistad se abren realmente las grandes potencialidades de la condición humana. Sólo con esta amistad experimentamos lo que es bello y lo que nos libera.

Así, hoy, yo quisiera, con gran fuerza y gran convicción, a partir de la experiencia de una larga vida personal, decir a todos ustedes, queridos jóvenes: ¡No tengan miedo de Cristo! Él no quita nada, y lo da todo. Quien se da a Él, recibe el ciento por uno.

Sí, abran, abran de par en par las puertas a Cristo, y encontrarán la verdadera vida. Amén.

AGRADECIMIENTOS

Me gustaría agradecer la ayuda de una serie de familiares, amigos y colegas cuyos consejos y apoyo me ayudaron a preparar este pequeño volumen sobre el Papa Benedicto XVI. Mis compañeros de *Inside the Vatican* nunca dejaron de animarme: Delia Gallagher, Shena Muldoon, John Mallon, Lucy Gordan, Micaela Biferali, Giuseppe Sabatelli, Alberto Carosa, Grzegorz Galazka, Thierry Cagianut, Hugh Pimentel, Dennis Musk y Leonid Sevastianov. El teólogo norteamericano Anthony Valle y su esposa, Marta Valle, cuya boda celebró el cardenal Ratzinger el año pasado, me aportaron muchos conocimientos valiosos y mecanografiaron numerosos pasajes. El periodista alemán Paul Badde y su hija, Christina Badde, me ayudaron a lo largo del proyecto, durante un abril en Roma en que abarrotaron la ciudad millones de peregrinos y en el que cada día sucedían acontecimientos históricos. Sin la ayuda de Paul y Christina no hubiera sido capaz de completar este libro en sólo dos semanas. Mi editora en Doubleday, Trace Murphy, fue siempre eficiente, paciente y precisa. Y toda mi familia me apoyó de forma maravillosa, desde mis padres, William y Ruth Moynihan, que me hicieron valiosas sugerencias a diario, a mi esposa, Priscilla, que hizo que siguiera la vida familiar mientras el libro cobraba forma, y a mis queridos hijos, Christopher y Luke, que hicieron sus deberes mientras yo trabajaba hasta altas horas de la noche. Gracias a todos ustedes.

NOTAS

En la lista que sigue se encuentran todas las fuentes de las declaraciones del Papa Benedicto XVI citadas anteriormente en este libro. La gran mayoría de ellas fueron escritas o pronunciadas cuando el Papa era todavía el cardenal Joseph Ratzinger. Se da su nombre al principio, pero no se repite en cada una de las entradas. Excepto en el caso de las publicaciones oficiales vaticanas, el material que originalmente apareció en italiano ha sido traducido por el editor de este volumen.

pág. 83 10 de diciembre de 2000, Ratzinger, en Roma, en «La nueva evangelización», a los participantes en el Jubileo para catequistas.

Joseph Ratzinger, *The Nature and Mission of Theology* (La naturaleza y misión de la teología), Ignatius, 1995, p. 25.

pág. 84 10 de diciembre de 2000, Ratzinger, en Roma, en «La nueva evangelización», a los participantes en el Jubileo para catequistas.

10 de diciembre de 2000, Ratzinger, en Roma, en «La nueva evangelización», a los participantes en el Jubileo para catequistas.

10 de diciembre de 2000, Ratzinger, en Roma, en «La nueva evangelización», a los participantes en el Jubileo para catequistas.

pág. 85 10 de diciembre de 2000, Ratzinger, en Roma, en «La nueva evangelización», a los participantes en el Jubileo para catequistas.

10 de diciembre de 2000, Ratzinger, en Roma, en «La nueva evangelización», a los participantes en el Jubileo para catequistas.

10 de diciembre de 2000, Ratzinger, en Roma, en «La nueva evangelización», a los participantes en el Jubileo para catequistas.

pág. 86   10 de diciembre de 2000, Ratzinger, en Roma, en «La nueva evangelización», a los participantes en el Jubileo para catequistas.

10 de diciembre de 2000, Ratzinger, en Roma, en «La nueva evangelización», a los participantes en el Jubileo para catequistas.

pág. 87   10 de diciembre de 2000, Ratzinger, en Roma, en «La nueva evangelización», a los participantes en el Jubileo para catequistas.

10 de diciembre de 2000, Ratzinger, en Roma, en «La nueva evangelización», a los participantes en el Jubileo para catequistas.

pág. 88   10 de diciembre de 2000, Ratzinger, en Roma, en «La nueva evangelización», a los participantes en el Jubileo para catequistas.

El Sabbath de la Historia, 1998.

pág. 89   *Salt of the Earth (La sal de la tierra),* p. 22.

10 de diciembre de 2000, Ratzinger, en Roma, en «La nueva evangelización», a los participantes en el Jubileo para catequistas.

10 de diciembre de 2000, Ratzinger, en Roma, en «La nueva evangelización», a los participantes en el Jubileo para catequistas.

Entrevista con Antonella Palermo, de Radio Vaticana, en 2001, publicada por *Zenit* el 27 de abril de 2005 (versión española el 13 de mayo de 2005).

pág. 90   El 2 de junio de 2002 el cardenal realizó una amplia y detallada instrucción eucarística en el primer Congreso Diocesano Eucarístico en Benevento, Italia, al sur de Roma, titulada «Eucaristía, comunión y solidaridad», traducida del italiano por Robert Moynihan y publicada en *Inside the Vatican* en el número de agosto-septiembre de 2002.

Joseph Ratzinger, *The Nature and Mission of Theology* (La naturaleza y misión de la teología), Ignatius, 1995, p. 24.

pág. 91   *Salt of the Earth (La sal de la tierra),* p. 112.

God and the World (Dios y el mundo, Debolsillo, 2005), Peter Seewald, Ignatius 2002, p. 18.

Ratzinger, «Escoger la vida», mayo de 1997, *Inside the Vatican* (la traducción es mía), discurso de Cuaresma pronunciado el 5 de marzo de 1997 en Roma, en la basílica de San Juan de Letrán.

pág. 92   *God and the World* (*Dios y el mundo*, Debolsillo, 2005), Peter Seewald, Ignatius 2002, p. 19.

Ratzinger, «Escoger la vida», mayo de 1997, *Inside the Vatican* (la traducción es mía), discurso de Cuaresma pronunciado el 5 de marzo de 1997 en Roma, en la basílica de San Juan de Letrán.

pág. 93   *God and the World* (*Dios y el mundo*, Debolsillo, 2005), Peter Seewald, Ignatius 2002, p. 21.

El 2 de junio de 2002 el cardenal realizó una amplia y detallada instrucción eucarística en el primer Congreso Diocesano Eucarístico en Benevento, Italia, al sur de Roma, titulada «Eucaristía, comunión y solidaridad».

pág. 94   *Behold the Pierced One* (Contemplen al crucificado), p. 69.

Declaración *Dominus Iesus:* Sobre la unicidad y universalidad salvífica de Jesucristo y la Iglesia.

Cardenal Joseph Ratzinger, sábado, 18 de octubre de 2003, *L'Osservatore Romano*, edición semanal en inglés, 12 de noviembre de 2003, p. 10.

Behold the Pierced One (Contemplen el crucificado), p. 69.

pág. 95   Ratzinger, «Escoger la vida», mayo de 1997, *Inside the Vatican* (la traducción es mía), discurso de Cuaresma pronunciado el 5 de marzo de 1997 en Roma, en la basílica de San Juan de Letrán.

Salt of the Earth (*La sal de la tierra*), p. 20.

pág. 96   *Journey Towards Easter* (Viaje hacia la Pascua), p. 35.

Misa por el funeral de fray Luigi Giussani, catedral de Milán, 24 de febrero de 2005.

pág. 97   40° aniversario de *Gaudium et Spes*, basílica de San Pedro.

40° aniversario de *Gaudium et Spes*, basílica de San Pedro.

pág. 98   «La sensación de las cosas, la contemplación de la belleza» Reunión en Rimini (24–30 de agosto de 2002).

Ratzinger, «Escoger la vida», mayo de 1997, *Inside the Vatican* (la traducción es mía), discurso de Cuaresma pronunciado el 5 de marzo de 1997 en Roma, en la basílica de San Juan de Letrán.

pág. 99   Vía Crucis en el Coliseo, Viernes Santo de 2005, Meditaciones y Oraciones.

Vía Crucis en el Coliseo, Viernes Santo de 2005, Meditaciones y Oraciones.

pág. 100   Entrevista, «El relativismo, nuevo rostro de la intolerancia, según

Ratzinger, Consejos para jóvenes teólogos; habla del papel de las universidades». Murcia, España, 1 de diciembre de 2002 (Zenit.org).

Introduction to Christianity (Introducción al cristianismo), p. 256.

pág. 101 *Introduction to Christianity (Introducción al cristianismo)*, p. 257.

Joseph Ratzinger, *Comentario teológico sobre la tercera parte del Secreto de Fátima*, 26 de junio de 2000.

Ratzinger, «Escoger la vida», mayo de 1997, *Inside the Vatican* (la traducción es mía), discurso de Cuaresma pronunciado el 5 de marzo de 1997 en Roma, en la basílica de San Juan de Letrán.

pág. 102 *The Ratzinger Report (Informe sobre la fe)*, p. 151.

Seek That Which Is Above. Meditations through the Year (Buscar lo que está arriba. Meditaciones a lo largo del año), Ignatius Press, San Francisco 1986, traducido por Graham Harrison, pp. 101–102.

pág. 103 *Seek That Which Is Above. Meditations through the Year (Buscar lo que está arriba. Meditaciones a lo largo del año)*, Ignatius Press, San Francisco 1986, traducido por Graham Harrison, pp. 102–103.

Joseph Ratzinger, *Comentario teológico sobre la tercera parte del Secreto de Fátima*, 26 de junio de 2000.

Introduction to Christianity (Introducción al cristianismo), p. 213.

Vía Crucis en el Coliseo, Viernes Santo de 2005, Meditaciones y Oraciones.

pág. 104 *The Ratzinger Report (Informe sobre la fe)*, p. 106.

Vía Crucis en el Coliseo, Viernes Santo de 2005, Meditaciones y Oraciones.

In the Beginning... A Catholic Understanding of the Story of Creation and the Fall (En el principio... Una interpretación católica de la historia de la Creación y Caída), William B. Eerdmans Publishing Company, Gran Rapids (Michigan) 1995, traducido por Boniface Ramsey, pp. 98–99.

pág. 105 *In the Beginning... A Catholic Understanding of the Story of Creation and the Fall (En el principio... Una interpretación católica de la historia de la Creación y Caída)*, William B. Eerdmans Publishing Company, Gran Rapids (Michigan) 1995, traducido por Boniface Ramsey, pp. 44–46.

Entrevista con Antonella Palermo, de Radio Vaticana, en 2001, publicada por *Zenit* el 27 de abril de 2005 (versión española el 13 de mayo de 2005).

pág. 106 Ratzinger, discurso emitido por la Oficina de Prensa Vaticana el 24 de noviembre de 1994, impreso en *Inside the Vatican*, enero de 1995. La traducción es mía.

In the Beginning... A Catholic Understanding of the Story of Creation and the Fall (En el principio... Una interpretación católica de la historia de la Creación y Caída), William B. Eerdmans Publishing Company, Gran Rapids (Michigan) 1995, traducido por Boniface Ramsey, p. 49.

Vía Crucis en el Coliseo, Viernes Santo de 2005, Meditaciones y Oraciones.

pág. 107 Ordinariatskorrespondenz (Correspondencia académica), 25 de diciembre de 1979.

Dogma und Verkundigung, pp. 397–98.

Vía Crucis en el Coliseo, Viernes Santo de 2005, Meditaciones y Oraciones.

pág. 108 Ratzinger, «Escoger la vida», mayo de 1997, *Inside the Vatican* (la traducción es mía), discurso de Cuaresma pronunciado el 5 de marzo de 1997 en Roma, en la basílica de San Juan de Letrán.

pág. 109 Discurso a los rabinos en Jerusalén, el 2 de febrero de 1984.

pág. 110 Entrevista en EWTN con Raymond Arroyo, 5 de septiembre de 2003.

Homilía de la vigilia de Pascua, Altar de la Confesión en la basílica de San Pedro, Sábado Santo, 26 de marzo de 2005.

Diener eurer Freude (Servidor de vuestra alegría), pp. 108–9.

pág. 111 Ratzinger, «Escoger la vida», mayo de 1997, *Inside the Vatican* (la traducción es mía), discurso de Cuaresma pronunciado el 5 de marzo de 1997 en Roma, en la basílica de San Juan de Letrán.

pág. 112 Papa Benedicto XVI, al final de la misa con el Colegio Cardenalicio reunido en la capilla Sixtina el 20 de abril de 2005, el día después de su elección. Esboza el programa para su pontificado.

Papa Benedicto XVI, al final de la misa con el Colegio Cardenalicio reunido en la capilla Sixtina el 20 de abril de 2005, el día después de su elección. Esboza el programa para su pontificado.

pág. 113 Homilía de la Vigilia de Pascua, Altar de la Confesión en la basílica de San Pedro, Sábado Santo, 26 de marzo de 2005.

Homilía, misa de la Vigilia de Pascua, 2005.

pág. 114 Intervención de Su Eminencia el Card. Joseph Ratzinger en la presentación de la Carta apostólica en forma de «Motu proprio» *Misericordia Dei* sobre algunos aspectos de la celebración del sacramento de la penitencia (2 de mayo de 2002).

Homilía de la misa en sufragio de los Papas Pablo VI y Juan Pablo I, Altar Mayor, basílica de San Pedro, 28 de septiembre de 2004.

El 2 de junio de 2002 el cardenal realizó una amplia y detallada instrucción eucarística en el primer Congreso Diocesano Eucarístico en Benevento, Italia, al sur de Roma, titulada «Eucaristía, comunión y solidaridad».

pág. 115 Papa Benedicto XVI, al final de la misa con el Colegio Cardenalicio reunido en la capilla Sixtina el 20 de abril de 2005, el día después de su elección. Esboza el programa para su pontificado.

Discurso en la conferencia de obispos en Benevento, en la región de Campania (Italia) sobre el tema «Eucaristía, comunión y solidaridad».

pág. 116 El 2 de junio de 2002 el cardenal realizó una amplia y detallada instrucción eucarística en el primer Congreso Diocesano Eucarístico en Benevento, Italia, al sur de Roma, titulada «Eucaristía, comunión y solidaridad».

Congregación para la Doctrina de la Fe, discurso del cardenal Joseph Ratzinger, 9 de octubre de 2002, «Relevancia doctrinal actual del Catecismo de la Iglesia católica, El Catecismo de la Iglesia católica: Diez años después de su publicación (11 de octubre de 1992)».

pág. 117 *Mi vida: recuerdos 1927–1977*, 1997.

pág. 118 *Seeking God's Face* (En busca del rostro de dios), p. 30.

Papa Benedicto XVI, al final de la misa con el Colegio Cardenalicio reunido en la capilla Sixtina el 20 de abril de 2005, el día después de su elección. Esboza el programa para su pontificado.

pág. 122 Ratzinger, discurso emitido por la Oficina de Prensa Vaticana el 24 de noviembre de 1994, impreso en *Inside the Vatican*, enero de 1995. La traducción es mía.

pág. 123 Presentación de la encíclica *Veritatis Splendor*, noviembre de 1993.

pág. 124 *The Ratzinger Report (Informe sobre la fe)*, p. 83.

Presentación de la encíclica *Veritatis Splendor*, noviembre de 1993.

pág. 125 «El corazón de Europa», entrevista con Joseph Ratzinger sobre su nuevo libro *Valores en tiempos de confusión*, publicada por el *Sueddeutsche Zeitung* de Munich el miércoles 13 de abril de 2005.

Seek That Which Is Above. Meditations through the Year (Buscar lo que está arriba. Meditaciones a lo largo del año), pp. 158.

pág. 126 Homilía por el 40° aniversario de *Gaudium et Spes*, basílica de San Pedro, viernes 18 de marzo de 2005.

pág. 127 El 2 de junio de 2002 el cardenal realizó una amplia y detallada instrucción eucarística en el primer Congreso Diocesano Eucarístico en Benevento, Italia, al sur de Roma, titulada «Eucaristía, comunión y solidaridad».

Homilía por el 40° aniversario de *Gaudium et Spes*, basílica de San Pedro, viernes 18 de marzo de 2005.

Homilía por el 40° aniversario de *Gaudium et Spes*, basílica de San Pedro, viernes 18 de marzo de 2005.

Homilía de la misa en sufragio de los Papas Pablo VI y Juan Pablo I, Altar Mayor, basílica de San Pedro, 28 de septiembre de 2004.

pág. 128 Ratzinger, «Escoger la vida», mayo de 1997, *Inside the Vatican* (la traducción es mía), discurso de Cuaresma pronunciado el 5 de marzo de 1997 en Roma, en la basílica de San Juan de Letrán.

Zeitfragen und christlicher Glaube, p. 63.

Zeitfragen und christlicher Glaube, pp. 60–61.

pág. 129 Vía Crucis en el Coliseo, Viernes Santo de 2005.

Vía Crucis en el Coliseo, Viernes Santo de 2005.

pág. 130 «El corazón de Europa», entrevista con Joseph Ratzinger sobre su nuevo libro *Valores en tiempos de confusión*, publicada por el *Sueddeutsche Zeitung* de Munich el miércoles 13 de abril de 2005.

Homilías romanas, 29 de enero de 1984.

pág. 131 *Dogma und Verkundigung*, pp. 391–92.

pág. 132 Ratzinger, *Turning Point for Europe (Momento decisivo para Europa)*, pp. 175–77.

Ratzinger, *Church Ecumenism and Politics (Ecumenismo de la Iglesia y política)*, p. 163.

«El corazón de Europa», entrevista con Joseph Ratzinger sobre su nuevo libro *Valores en tiempos de confusión*, publicada por el *Sueddeutsche Zeitung* de Munich el miércoles 13 de abril de 2005.

pág. 133 *Deutsche Tagespost*, 9 de abril de 1982.

Misa por el funeral de fray Luigi Giussani, catedral de Milán, 24 de febrero de 2005.

pág. 134 Misa por el funeral de fray Luigi Giussani, catedral de Milán, 24 de febrero de 2005.

pág. 135 El 2 de junio de 2002 el cardenal realizó una amplia y detallada instrucción eucarística en el primer Congreso Diocesano Eucarístico en Benevento, Italia, al sur de Roma, titulada «Eucaristía, comunión y solidaridad».

Arte, imagen y artistas, Arte sagrado, inspirado por la fe, ambos reflexionan sobre la cultura y la enriquecen, Parte II.

«Belleza y verdad de Cristo», Joseph Ratzinger Cardenal en la reunión del movimiento Comunión y Liberación en Rimini, 24–30 de agosto de 2002. Recogido en el *Osservatore Romano*, edición semanal en inglés, 6 de noviembre de 2002, p. 6.

pág. 136 «Belleza y verdad de Cristo», Cardenal Joseph Ratzinger en la reunión del movimiento Comunión y Liberación en Rimini, 24–30 de agosto de 2002. Recogido en el *Osservatore Romano*, edición semanal en inglés, 6 de noviembre de 2002, p. 6.

«Belleza y verdad de Cristo», Cardenal Joseph Ratzinger en la reunión del movimiento Comunión y Liberación en Rimini, 24–30 de agosto de 2002. Recogido en el *Osservatore Romano*, edición semanal en inglés, 6 de noviembre de 2002, p. 6.

25° aniversario del pontificado de Juan Pablo II: Concierto ofrecido por la orquesta Mitteldeutscher Rundfunk el 17 de octubre de 2003.

pág. 137 25° aniversario del pontificado de Juan Pablo II: Concierto ofrecido por la orquesta Mitteldeutscher Rundfunk el 17 de octubre de 2003.

pág. 138 25° aniversario del pontificado de Juan Pablo II: Concierto ofrecido por la orquesta Mitteldeutscher Rundfunk el 17 de octubre de 2003.

Joseph Ratzinger, *Comentario teológico sobre la tercera parte del Secreto de Fátima*, 26 de junio de 2000.

El 2 de junio de 2002 el cardenal realizó una amplia y detallada instrucción eucarística en el primer Congreso Diocesano Eucarístico en Benevento, Italia, al sur de Roma, titulada «Eucaristía, comunión y solidaridad».

pág. 139   Programa en la radio bávara, 2 de octubre de 1977.

pág. 140   Discurso del Papa a representantes de otras confesiones cristia-
               nas y de otras religiones, 25 de abril de 2005.

               Conferencia de prensa en España del cardenal Ratzinger antes del
               primer Congreso Internacional de la Facultad de Teología de
               San Dámaso.

               De una conferencia sobre *Fe, verdad, tolerancia,* marzo de 2002.

pág. 141   *Zur Lage des Glaubens,* pp. 164–65.

               Diálogo interreligioso y relaciones judeocristianas, realizado para
               una sesión de la Academia de Moral y Ciencias Políticas de
               París. Apareció por primera vez en *Communio,* 26, 1997, y fue
               publicado en *Many Religions—One Covenant.*

pág. 142   Papa Benedicto XVI, al final de la misa con el Colegio Cardenali-
               cio reunido en la capilla Sixtina el 20 de abril de 2005, el día
               después de su elección. Esboza el programa para su pontificado.

pág. 143   Papa Benedicto XVI, al final de la misa con el Colegio Cardenali-
               cio reunido en la capilla Sixtina el 20 de abril de 2005, el día
               después de su elección. Esboza el programa para su pontificado.

               The Ratzinger Report (Informe sobre la fe), p. 84.

               «El corazón de Europa», entrevista con Joseph Ratzinger sobre su
               nuevo libro *Valores en tiempos de confusión,* publicada por el *Sueddeuts-
               che Zeitung* de Munich el miércoles 13 de abril de 2005.

pág. 144   Homilía por el 40º aniversario de *Gaudium et Spes,* basílica de San
               Pedro, viernes 18 de marzo de 2005.

               Presentación de la encíclica *Veritatis Splendor,* noviembre de 1993.

               Glaube und Zukunft, pp. 120–21, 123.

pág. 151   Entrevista en EWTN con Raymond Arroyo, 5 de septiembre de
               2003.

pág. 152   Vía Crucis en el Coliseo, Viernes Santo de 2005, Meditaciones y
               Oraciones.

               God and the World (Dios y el mundo, Debolsillo, 2005), Peter Seewald,
               Ignatius 2002.

               Vía Crucis en el Coliseo, Viernes Santo de 2005, Meditaciones y
               Oraciones.

pág. 153   Homilía en la misa para la elección del pontífice romano, 18 de
               abril de 2005.

               Veraltetes Glaubensbekenutnis, pp. 105–6.

pág. 154 *To Look on Christ, Exercises in Faith, Hope and Love* (*Mirar a Cristo: ejercicios de fe, esperanza y amor*), pp. 68–70.

pág. 156 Vía Crucis en el Coliseo, Viernes Santo de 2005.

Introduction to Christianity (*Introducción al cristianismo*), pp. 196–97.

pág. 157 Del merecimiento de recibir la Sagrada Comunión. Principios Generales, carta a los obispos de EE.UU., junio de 2004.

«Belleza y verdad de Cristo», Cardenal Joseph Ratzinger en la reunión del movimiento Comunión y Liberación en Rimini: 24–30 de agosto de 2002. Recogido en *L'Osservatore Romano*, edición semanal en inglés, 6 de noviembre de 2002, p. 6.

pág. 158 El 2 de junio de 2002 el cardenal realizó una amplia y detallada instrucción eucarística en el primer Congreso Diocesano Eucarístico en Benevento, Italia, al sur de Roma, titulada «Eucaristía, comunión y solidaridad».

Behold the Pierced One (Contemplad al crucificado), 1986, p. 108.

pág. 159 Primera homilía, 20 de abril de 2005.

Homilía, misa de la Vigilia de Pascua, 25 de marzo de 2005.

Programa en la radio bávara, 1978.

pág. 160 *Christlicher Glaube und Europa*, pp. 127–38.

25° aniversario del pontificado de Juan Pablo II, Simposio del Colegio de Cardenales, 15 de octubre de 2003.

pág. 161 Vía Crucis en el Coliseo, Viernes Santo de 2005.

Sociedad para la Renovación de la Liturgia Sagrada, Vol. VI, N°. 3: mayo de 2000.

pág. 162 Sociedad para la Renovación de la Liturgia Sagrada, Vol. VI, N°. 3: mayo de 2000.

Entrevista, «El relativismo, nuevo rostro de la intolerancia, según Ratzinger, Consejos para jóvenes teólogos; habla del papel de las universidades». Murcia, España, 1 de diciembre de 2002 (Zenit.org).

pág. 163 [Conversación con Robert Moynihan]

Misa celebrada unas horas antes del inicio del cónclave que le elegiría Papa. 18 de abril de 2005.

Comisión Bíblica Pontificia. En el centenario de la Comisión Bíblica Pontificia, relación entre Magisterio y exegetas.

pág. 164 Misa celebrada unas horas antes del inicio del cónclave que le elegiría Papa. 18 de abril de 2005.

Many Religions—One Covenant (Muchas religiones, una alianza), Ignatius 1999, pp. 107–8.

«Relevancia doctrinal actual del Catecismo de la Iglesia católica, El Catecismo de la Iglesia católica: Diez años después de su publicación (11 de octubre de 1992)».

Homilía del cardenal Joseph Ratzinger, 18 de abril de 2005.

pág. 166 «Relevancia doctrinal actual del Catecismo de la Iglesia católica, El Catecismo de la Iglesia católica: Diez años después de su publicación (11 de octubre de 1992)».

pág. 167 *To Look on Christ—Exercises in Faith, Hope and Love* (Mirar a Cristo: ejercicios de fe, esperanza y amor), p. 62.

To Look on Christ—Exercises in Faith, Hope and Love (Mirar a Cristo: ejercicios de fe, esperanza y amor), p. 49.

To Look on Christ—Exercises in Faith, Hope and Love (Mirar a Cristo: ejercicios de fe, esperanza y amor), p. 65.

pág. 168 Vía Crucis en el Coliseo, Viernes Santo de 2005.

The Nature and Mission of Theology (La naturaleza y misión de la teología), Ignatius, 1995, p. 27.

Homilía de la misa en sufragio de los Papas Pablo VI y Juan Pablo I, Altar Mayor, basílica de San Pedro, 28 de septiembre de 2004.

pág. 169 Ratzinger, «Escoger la vida», mayo de 1997, *Inside the Vatican* (la traducción es mía), discurso de Cuaresma pronunciado el 5 de marzo de 1997 en Roma, en la basílica de San Juan de Letrán.

«Belleza y verdad de Cristo», Cardenal Joseph Ratzinger en la reunión del movimiento Comunión y Liberación en Rimini: 24–30 de agosto de 2002. Recogido en *L'Osservatore Romano*, edición semanal en inglés, 6 de noviembre de 2002, p. 6.

pág. 170 Homilía en la misa para la elección del pontífice romano, 18 de abril de 2005.

«Belleza y verdad de Cristo», Cardenal Joseph Ratzinger en la reunión del movimiento Comunión y Liberación en Rimini: 24–30 de agosto de 2002. Recogido en *L'Osservatore Romano*, edición semanal en inglés, 6 de noviembre de 2002, p. 6.

pág. 171 El 2 de junio de 2002 el cardenal realizó una amplia y detallada instrucción eucarística en el primer Congreso Diocesano Eucarístico en Benevento, Italia, al sur de Roma, titulada «Eucaristía, comunión y solidaridad».

Bienvenida a Juan Pablo II con un mensaje de felicitación y buenos deseos en su 83° cumpleaños, 18 de mayo de 2003.

pág. 172   Homilía en la misa para la elección del pontífice romano, 18 de abril de 2005.

pág. 173   Ratzinger, «Escoger la vida», mayo de 1997, *Inside the Vatican* (la traducción es mía), discurso de Cuaresma pronunciado el 5 de marzo de 1997 en Roma, en la basílica de San Juan de Letrán.

pág. 174   *Eschatology: Death and Eternal Life (Escatología)*, 1977.

Homilía por el 40° aniversario de *Gaudium et Spes*, basílica de San Pedro, viernes 18 de marzo de 2005.

pág. 175   Misa por el funeral de fray Luigi Giussani, catedral de Milán, 24 de febrero de 2005.

Conclusión de la homilía en la misa para la elección del pontífice romano, 18 de abril de 2005.

pág. 176   *God Is Near Us: The Eucharist, the Heart of Life* (Dios está cerca de nosotros. La Eucaristía, el corazón de la vida).

Vía Crucis en el Coliseo, Viernes Santo de 2005, Meditaciones y Oraciones.

Ratzinger, discurso emitido por la Oficina de Prensa Vaticana el 24 de noviembre de 1994, impreso en *Inside the Vatican*, enero de 1995. La traducción es mía.

pág. 177   *Seeking God's Face* (En busca del rostro de Dios), p. 64.

pág. 182   Primer mensaje de Su Santidad Benedicto XVI al final de la concelebración eucarística con los cardenales electores en la capilla Sixtina, miércoles 20 de abril de 2005.

pág. 190   Misa de inauguración del pontificado del Papa Benedicto XVI, 24 de abril de 2005.

Printed in the United States
by Baker & Taylor Publisher Services